Max Stone

O Despertar da Abundância
Jornada Espiritual para Realizar Sonhos

Título Original: O Despertar da Abundância

Copyright © 2024, publicado por Luiz Antonio dos Santos ME.

Este livro é uma obra de não-ficção que explora práticas e conceitos no campo do desenvolvimento pessoal e da abundância. Através de uma abordagem abrangente, o autor oferece ferramentas práticas para alcançar equilíbrio emocional, prosperidade e realização pessoal.

1ª Edição
Equipe de Produção

Autor: Max Stone
Editor: Luiz Santos
Capa: Studios Booklas/ Anselmo Mendes
Diagramação: Silvia Regis

Publicação e Identificação
O Despertar da Abundância
Editora Booklas, 2025
Categorias: Desenvolvimento Pessoal / Espiritualidade / Prosperidade
DDC: 158.1 - CDU: 159.923.2

Todos os direitos reservados a:
Luiz Antonio dos Santos ME / Booklas
Nenhuma parte deste livro pode ser reproduzida, armazenada num sistema de recuperação ou transmitida por qualquer meio — eletrônico, mecânico, fotocópia, gravação ou outro — sem a autorização prévia e expressa do detentor dos direitos de autor.

Sumário

Prólogo 5
Capítulo 1 Definindo Abundância 7
Capítulo 2 Pensamentos Positivos 13
Capítulo 3 Afirmações Poderosas 19
Capítulo 4 Visualização Criativa 25
Capítulo 5 A Lei da Atração 31
Capítulo 6 Eliminando Crenças Limitantes 38
Capítulo 7 Autoconhecimento Profundo 44
Capítulo 8 Cura Interior 50
Capítulo 9 Mentalidade de Abundância 56
Capítulo 10 Linguagem Positiva 62
Capítulo 11 Limpeza Energética 69
Capítulo 12 Cristais e Abundância 75
Capítulo 13 Aromaterapia Vibracional 81
Capítulo 14 Feng Shui para Prosperidade 87
Capítulo 15 Música e Frequências 93
Capítulo 16 Meditação para Abundância 99
Capítulo 17 Mantras Poderosos 105
Capítulo 18 Mudras Sagradas 111
Capítulo 19 Dança e Movimento 117
Capítulo 20 Banhos Energéticos 123
Capítulo 21 Visualização de Cores 129
Capítulo 22 Aprendizado Contínuo 135
Capítulo 23 Doando e Compartilhando 141

Capítulo 24 Criando Oportunidades 147
Capítulo 25 Celebrando o Sucesso... 153
Capítulo 26 Atitude de Gratidão 159
Capítulo 27 Visualizando o Futuro 165
Capítulo 28 Agindo com Intuição.. 171
Capítulo 29 Conexão Espiritual 177
Capítulo 30 Servindo ao Mundo 183
Capítulo 31 Seguindo sua Intuição 189
Capítulo 32 Vivendo com Propósito... 195
Capítulo 33 Desapego Material... 201
Capítulo 34 Simplicidade e Minimalismo 207
Capítulo 35 Abundância Interior... 213
Capítulo 36 Compartilhando a Abundância............................. 219
Epílogo... 225

Prólogo

Caro leitor,

Você está prestes a iniciar uma jornada que transcende as páginas de um simples livro. Este não é apenas um compêndio de palavras; é um convite para mergulhar em um universo onde a verdadeira abundância não é apenas um conceito, mas uma experiência viva, pulsante e transformadora.

Vivemos em um mundo saturado por ideias superficiais sobre sucesso e prosperidade, onde a abundância muitas vezes é confundida com acúmulo material. Mas e se eu lhe dissesse que existe algo muito mais profundo, um caminho oculto que conduz a uma vida plena em todas as dimensões — mental, emocional, física e espiritual? Aqui, você encontrará esse caminho.

Ao virar estas páginas, você não apenas lerá, mas sentirá. Sentirá o despertar de uma nova consciência, onde cada palavra atua como uma chave para abrir portas antes invisíveis. Este livro sussurra verdades que permanecem ocultas aos olhos desatentos, mas revelam-se a quem tem coragem de questionar, refletir e transformar.

Permita-se descobrir.

Imagine por um instante uma vida em que suas ações fluem em perfeita harmonia com seus pensamentos e emoções. Onde o medo não mais dita suas decisões e as crenças limitantes se dissolvem como névoa ao sol. Esse estado não é uma utopia distante — ele está ao seu alcance, mais próximo do que você imagina.

Aqui, você aprenderá que a verdadeira abundância começa com a clareza mental, a autenticidade emocional e a conexão espiritual. Não se trata de promessas vazias, mas de práticas concretas que, quando integradas à sua rotina, desencadeiam mudanças reais. Cada conceito explorado foi cuidadosamente tecido para provocar uma reflexão profunda, romper padrões autossabotadores e reconstruir uma nova percepção de si e do mundo.

Você está preparado para esse despertar?

A cada capítulo, você será guiado a revisitar sua própria história, seus medos, suas limitações. E, mais importante, será inspirado a libertar-se delas. Este livro não é um guia comum; é um espelho que reflete não apenas quem você é, mas quem você pode ser.

Imagine-se caminhando por um jardim exuberante onde cada flor, cada folha, cada som da natureza ressoa com a energia da abundância. Assim é a jornada proposta aqui: uma reconexão com a fonte infinita que sustenta a vida, uma harmonia natural entre o dar e o receber, o ser e o realizar.

Desperte. A abundância não é um privilégio de poucos. Ela é o direito de todos que escolhem trilhar o caminho do autoconhecimento e da evolução. Este livro é mais do que leitura; é uma experiência de transformação. As palavras que encontrará aqui são sementes. E, como todo bom jardineiro sabe, a verdadeira beleza surge quando se cultiva com intenção, paciência e amor.

Você já deu o primeiro passo ao abrir este livro. Agora, permita-se mergulhar sem reservas. Questione. Reflita. Sinta. E, acima de tudo, permita-se ser guiado por cada revelação que estas páginas têm a oferecer.

Que esta leitura seja o início de uma nova etapa, onde cada pensamento, cada decisão, cada ação seja um reflexo da sua essência mais pura e autêntica.

A abundância o espera.

Abra este portal. Deixe-se conduzir.

Com profunda admiração e confiança,

Luiz Santos.

Editor

Capítulo 1
Definindo Abundância

A abundância é a essência de um estado pleno e harmonioso que se reflete em todos os aspectos da existência humana, indo além do acúmulo de bens materiais. É a expressão de uma vida alinhada com a saúde vibrante, os relacionamentos significativos, a realização profissional, a paz interior e a liberdade de viver em autenticidade. Este estado é caracterizado por uma conexão fluida com a fonte universal de prosperidade e bem-estar, um equilíbrio dinâmico que nutre corpo, mente e espírito. Assim, viver em abundância não significa apenas ter o suficiente para satisfazer as necessidades, mas experienciar uma plenitude que transcende a própria compreensão do que é suficiente.

A verdadeira abundância se manifesta em várias dimensões interligadas, cada uma contribuindo para um todo unificado. No aspecto material, ela é representada pela segurança financeira e pela capacidade de desfrutar os recursos necessários para uma vida confortável. Emocionalmente, é a habilidade de expressar sentimentos genuínos e de cultivar relações baseadas em amor, respeito e alegria. No campo mental, abundância significa possuir clareza, criatividade e a capacidade de aprender continuamente. No plano espiritual, está na conexão profunda com algo maior, que traz significado e propósito à vida. Finalmente, fisicamente, é a vitalidade que vem de um corpo saudável e em equilíbrio.

A prosperidade genuína nasce do reconhecimento da interconexão entre essas dimensões. Como peças de um grande mosaico, cada área precisa ser nutrida e equilibrada para formar um quadro completo de plenitude. A mentalidade que você adota é uma peça central nesse processo; pensamentos positivos, crenças fortalecedoras e uma prática constante de gratidão criam um ambiente fértil para o florescimento da abundância. Da mesma forma, a energia que você emana, influenciada pelas emoções e pela sua vibração, conecta-se com a energia ao seu redor, alinhando suas intenções com as oportunidades que a vida oferece.

Manter o equilíbrio entre ação e espiritualidade é igualmente essencial para manifestar uma vida abundante. A ação, guiada pela clareza de propósito e pela determinação, é o canal através do qual seus desejos se tornam realidade. Por outro lado, a conexão espiritual fortalece sua confiança em algo maior, alimentando sua resiliência e inspiração ao longo do caminho. A integração dessas práticas cotidianas forma a base de um ciclo virtuoso de crescimento, onde cada conquista reforça a confiança e abre espaço para novas possibilidades.

A chave para viver em abundância está na escolha consciente de se alinhar com esse estado. Isso exige autoconhecimento para identificar seus desejos genuínos e superar limitações autoimpostas. Definir metas claras e agir com propósito é fundamental, assim como praticar a gratidão por tudo o que já faz parte da sua vida. Com cada passo nessa jornada, você estará construindo um ambiente interno e externo que favorece a prosperidade contínua, permitindo que sua vida seja uma expressão autêntica e vibrante da plenitude que você merece.

Imagine-se caminhando por um jardim exuberante, onde a natureza floresce em harmonia perfeita. Flores vibrantes desabrocham em cores vivas, árvores frutíferas se curvam sob o peso generoso de seus frutos, e um riacho cristalino serpenteia suavemente pelo espaço, espalhando frescor e serenidade. Cada elemento desse jardim prospera em seu próprio ritmo, coexistindo de forma equilibrada e natural. Essa imagem não é apenas uma metáfora da abundância, mas uma representação tangível de como a vida pode ser quando estamos alinhados com a fonte inesgotável de prosperidade e bem-estar. Assim como as plantas recebem a quantidade certa de luz, água e nutrientes para crescer, nós também florescemos quando nutrimos todas as áreas da nossa existência.

Essa abundância se manifesta de maneiras diversas, começando pelo aspecto material. Mais do que acumular bens ou dinheiro, a verdadeira abundância material é viver com prosperidade financeira suficiente para atender confortavelmente às necessidades básicas e, ao mesmo tempo, realizar desejos pessoais. Ela traz segurança e liberdade, permitindo que você invista nos seus sonhos e construa uma vida mais equilibrada. Esse estado é alcançado por meio de escolhas conscientes, como um planejamento financeiro sólido, a prática da generosidade e a adoção de uma mentalidade de crescimento. Cada decisão responsável fortalece as raízes dessa segurança, permitindo que seus projetos floresçam naturalmente.

No campo emocional, a abundância se revela através do equilíbrio e da autenticidade com que você experimenta e expressa seus sentimentos. Reconhecer e aceitar suas emoções, sejam elas alegres ou desafiadoras, sem julgamento, é o primeiro passo para cultivar relacionamentos mais profundos e harmoniosos. Desenvolver amor-próprio, empatia e resiliência fortalece essa base emocional, criando um ambiente interno propício para a paz e a alegria. A gratidão diária e o aprimoramento da inteligência emocional funcionam como nutrientes essenciais para essa forma de abundância, nutrindo vínculos afetivos e promovendo bem-estar.

No âmbito mental, a abundância se traduz em clareza de pensamento, criatividade e uma mente aberta ao aprendizado contínuo. Uma mente abundante não se limita por crenças restritivas; pelo contrário, ela explora novas ideias, questiona paradigmas e se adapta às mudanças com flexibilidade. Para alimentar essa abundância mental, é vital buscar conhecimento constantemente, refletir sobre experiências, estimular a curiosidade e equilibrar momentos de foco intenso com períodos de descanso. Assim como a terra precisa ser revolvida para novas sementes crescerem, a mente deve ser desafiada e renovada para expandir suas possibilidades.

A dimensão espiritual da abundância transcende o mundo material, conectando você a algo maior, seja por meio da fé, da meditação, do contato com a natureza ou de práticas que despertem seu propósito de vida. Essa conexão profunda traz um senso de pertencimento, paz interior e alinhamento com valores essenciais. A espiritualidade nutre a compaixão, a gratidão e o desejo de servir, ampliando sua percepção de si e do mundo ao redor. Esse alinhamento fortalece a base para uma vida plena, guiando suas escolhas e oferecendo propósito às suas ações.

Por fim, a abundância física manifesta-se na vitalidade e na saúde do corpo. Não se trata apenas de ausência de doenças, mas da energia vibrante que permite aproveitar plenamente a vida. Esse estado é construído por meio de uma alimentação nutritiva, prática regular de exercícios físicos, sono reparador e autocuidado constante. Assim como uma planta precisa de solo fértil, luz e água para crescer, o corpo precisa ser nutrido e cuidado para sustentar os demais aspectos da abundância. Cada escolha saudável é um investimento que amplia sua disposição e bem-estar.

A verdadeira abundância, portanto, surge da harmonia entre todas essas dimensões. Cada aspecto, como uma peça de um quebra-cabeça, é fundamental para compor uma vida plena. Nutrir cada uma dessas áreas cria uma base sólida para que a prosperidade floresça de maneira integral. Essa integração exige uma mentalidade ajustada, onde pensamentos positivos, crenças fortalecedoras e uma prática constante de gratidão atuam como fertilizantes para o solo da vida. A energia que você emana, moldada por suas emoções e intenções, interage com o mundo ao seu redor, atraindo oportunidades alinhadas com seus objetivos.

Para que esse ciclo virtuoso da abundância se mantenha, é essencial equilibrar ação e espiritualidade. A ação intencional, guiada por um propósito claro e pela determinação, é o canal por onde os desejos se concretizam. Paralelamente, a conexão espiritual nutre a confiança em algo maior, proporcionando resiliência e inspiração diante dos desafios. A integração diária dessas práticas cria um fluxo contínuo de crescimento, onde cada conquista reforça a confiança e amplia as possibilidades futuras.

Viver em abundância requer uma escolha consciente de alinhamento com esse estado. Isso implica um mergulho profundo no autoconhecimento para identificar desejos genuínos e romper com limitações autoimpostas. Definir metas claras e agir com propósito são passos fundamentais, assim como cultivar gratidão pelo que já se conquistou. Cada decisão consciente pavimenta o caminho para um ambiente interno e externo propício à prosperidade contínua, permitindo que sua vida se torne uma expressão autêntica da plenitude que você merece experimentar.

Ao integrar esses pilares em sua vida, você estará criando um ciclo virtuoso de abundância, onde cada área se fortalece e contribui para o seu bem-estar integral. A jornada rumo à abundância é uma jornada de autodescoberta, crescimento e transformação. É um convite para viver uma vida plena, alinhada com sua verdadeira essência e propósito.

A abundância é como um rio que flui constantemente, carregando consigo a essência da renovação e da possibilidade infinita. Para que este fluxo permaneça ininterrupto, é necessário permitir que ele percorra seu curso natural, nutrindo todas as áreas da vida. Isso envolve aceitar a impermanência, confiar nos ciclos e se abrir para receber tanto quanto para doar. Quando você adota essa postura de abertura e entrega, a abundância se torna mais do que um conceito; ela se transforma em uma experiência tangível, um estado de ser que transcende as limitações do pensamento linear.

Ao reconhecer a interconexão entre todas as formas de abundância, você percebe que prosperar não é uma questão de acumular, mas de equilibrar. A harmonia entre os aspectos materiais, emocionais, mentais, espirituais e físicos cria um campo magnético que atrai oportunidades e realizações. Esse equilíbrio não é rígido nem fixo; ele se ajusta e se renova constantemente, guiado pela sua atenção e intenção. A cada passo que você dá, ao alinhar suas ações com seus valores mais profundos, você contribui para esse movimento dinâmico, fortalecendo o ciclo virtuoso da plenitude.

Viver em abundância é um ato de coragem e autenticidade. É confiar no caminho que se desdobra diante de você, mesmo quando não é totalmente visível. É celebrar as pequenas vitórias, aprender com os desafios e continuar avançando com fé. Essa jornada, feita de escolhas conscientes e alinhadas, é a expressão mais pura do potencial humano. Quando você se conecta com essa energia, não só transforma sua vida, mas também se torna uma fonte de inspiração e prosperidade para todos ao seu redor.

Capítulo 2
Pensamentos Positivos

A mente humana não apenas interpreta o mundo à sua volta, mas desempenha um papel ativo na criação das experiências que vivemos. Cada pensamento que emerge em nossa consciência é como uma peça de um grande mosaico, moldando as circunstâncias e resultados que experimentamos. Ao invés de apenas reagirmos ao ambiente, nossos pensamentos projetam uma energia que interage com as possibilidades ao nosso redor, alinhando eventos, oportunidades e até pessoas com a essência do que nutrimos mentalmente. Esse processo ocorre de forma contínua e sutil, evidenciando a importância de cultivarmos padrões de pensamento que favoreçam o crescimento, a positividade e a prosperidade em nossas vidas.

A força de nossos pensamentos pode ser comparada a sementes lançadas em um campo fértil. Cada pensamento carregado de esperança, otimismo e gratidão é uma semente que, ao encontrar um solo preparado e nutrido, germina e cresce, transformando-se em experiências enriquecedoras. Por outro lado, pensamentos negativos funcionam como ervas daninhas, que podem sufocar esse processo natural de crescimento, limitando as possibilidades e criando barreiras que dificultam o florescimento da abundância. Para cultivar um campo mental fértil, é crucial não apenas selecionar os pensamentos que alimentamos, mas também estarmos atentos à forma como os percebemos e ressignificamos.

A ciência moderna, especialmente áreas como a física quântica, reforça a ideia de que a realidade está intimamente conectada ao observador. Assim como a simples observação pode alterar o comportamento de partículas subatômicas, nossos pensamentos têm a capacidade de impactar o mundo físico e as circunstâncias ao nosso redor. Nesse sentido, ao direcionarmos nossa mente para frequências positivas, criamos uma vibração que ressoa com aquilo que desejamos atrair. O cultivo da gratidão, a prática da visualização e a manutenção de um ambiente positivo são passos concretos que fortalecem esse campo energético, permitindo que a abundância e o bem-estar fluam naturalmente.

Pensamentos positivos são como sementes plantadas em um solo fértil. Eles germinam, crescem e frutificam, trazendo para sua vida experiências positivas, oportunidades e relacionamentos enriquecedores. Quando você cultiva o otimismo, a esperança e a gratidão, você está abrindo as portas para a abundância fluir livremente em todas as áreas da sua vida.

O impacto dos pensamentos na realidade é um fenômeno profundo e transformador. A física quântica, ao revelar que a realidade é um campo de infinitas possibilidades, também nos mostra que o simples ato de observar pode influenciar o comportamento das partículas subatômicas. Essa constatação científica ressoa diretamente com o poder dos pensamentos humanos. Quando você direciona sua mente para pensamentos positivos, eleva sua vibração energética e se alinha com a frequência da abundância. Esse estado vibracional atrai naturalmente pessoas, situações e oportunidades que refletem essa mesma energia positiva, criando um ciclo contínuo de prosperidade e bem-estar.

Por outro lado, pensamentos negativos — como medo, dúvida e pessimismo — diminuem essa vibração, construindo barreiras invisíveis que impedem o fluxo da abundância. É como se você erguesse muros energéticos que bloqueiam as oportunidades e experiências enriquecedoras. Essa energia densa cria um ambiente interno que reforça limitações e obstáculos, tornando mais difícil alcançar os objetivos desejados. Portanto, compreender esse mecanismo é essencial para assumir o controle da própria realidade e transformar a maneira como você interage com o mundo.

Transformar a mente em um verdadeiro ímã de prosperidade e otimismo é um processo contínuo que exige prática, disciplina e paciência. Assim como o fortalecimento de um músculo demanda exercícios regulares, o desenvolvimento de pensamentos positivos se consolida com o tempo e a repetição. Essa mudança gradual não só altera sua perspectiva interna, mas também influencia diretamente suas ações e as oportunidades que você atrai. Existem estratégias eficazes que podem ser aplicadas diariamente para cultivar uma mentalidade mais otimista e construtiva.

O primeiro passo nessa jornada é a consciência. Tornar-se observador de seus próprios pensamentos ao longo do dia é fundamental. Identificar padrões de negatividade ou autossabotagem permite que você questione se esses pensamentos estão alinhados com os resultados que deseja alcançar. Por exemplo, ao perceber a recorrência de pensamentos como "isso nunca vai dar certo", é importante reconhecê-los sem julgamento e, então, refletir sobre sua veracidade. Esse simples ato de observar e questionar é o ponto de partida para iniciar uma transformação mental.

A seguir, entra em cena a reformulação desses pensamentos. Esse processo consiste em substituir ideias negativas por versões mais positivas e capacitadoras. Não se trata de negar os desafios da vida, mas de enfrentá-los com uma mentalidade proativa e construtiva. Por exemplo, diante de um obstáculo, ao invés de pensar "eu nunca vou conseguir", você pode dizer a si: "estou aprendendo e evoluindo a cada passo." Esse hábito cria novos caminhos neurais, tornando o pensamento positivo mais natural e automático com o tempo.

Outro recurso poderoso são as afirmações positivas. Essas frases, repetidas regularmente, têm a capacidade de reprogramar a mente subconsciente. Escolha afirmações que estejam alinhadas com seus objetivos e desejos mais profundos, e repita-as especialmente nos momentos em que a mente está mais receptiva, como ao acordar ou antes de dormir. Exemplos incluem: "sou capaz de conquistar meus objetivos", "atraio prosperidade em todas as áreas da minha vida" ou "confio no fluxo natural do universo." A repetição constante dessas declarações cria uma base sólida para a autoconfiança e a motivação.

A prática da gratidão também desempenha um papel essencial nesse processo. Dedicar alguns minutos do dia para refletir sobre tudo o que já possui e valoriza muda significativamente a sua vibração emocional. Seja grato pela saúde, pelos relacionamentos, pelas conquistas ou mesmo pelos pequenos momentos de alegria cotidiana. Manter um diário de gratidão ajuda a consolidar esse hábito, direcionando o foco para o positivo e afastando a atenção daquilo que falta. Esse simples exercício diário fortalece o sentimento de plenitude e atrai ainda mais razões para agradecer.

A visualização criativa é outra técnica poderosa para moldar a realidade desejada. Imagine-se vivenciando plenamente a vida que almeja: com saúde vibrante, realizações profissionais, relacionamentos harmoniosos e prosperidade financeira. Visualize cada detalhe com clareza e envolva-se emocionalmente nessas cenas como se já fossem parte do seu presente. Essa prática não apenas fortalece a motivação, mas também condiciona a mente a buscar caminhos e soluções que transformem esses sonhos em realidade.

Além dessas práticas internas, o ambiente externo exerce grande influência sobre a mentalidade. Estar cercado de pessoas que te inspiram, apoiam e incentivam é essencial para manter a positividade. Relações saudáveis e ambientes harmoniosos nutrem a mente e o espírito, reforçando padrões mentais construtivos. Da mesma forma, consumir conteúdos positivos — como livros de autoconhecimento, palestras motivacionais e filmes inspiradores — contribui para a elevação da sua energia.

É igualmente importante ter cuidado com a informação que você consome. Notícias negativas, discussões tóxicas e conteúdos que alimentam o medo drenam energia e minam a positividade. Substitua esses estímulos por fontes que ofereçam conhecimento construtivo e inspiração. Assim, você cria um campo energético mais leve e receptivo às boas oportunidades.

A música e a arte também são ferramentas poderosas para influenciar o estado emocional. Ouvir músicas que elevam o espírito, acalmam ou motivam tem um impacto imediato sobre a vibração energética. Da mesma forma, expressar-se por meio da arte — seja escrevendo, pintando, dançando ou fotografando — permite canalizar emoções de forma criativa e libertadora, elevando ainda mais o estado vibracional.

O contato com a natureza é outro aliado valioso. Caminhar ao ar livre, sentir a brisa no rosto, observar o nascer ou o pôr do sol e ouvir o canto dos pássaros são experiências simples, mas profundamente restauradoras. A natureza tem a capacidade de nos reconectar com o momento presente, dissolvendo tensões e renovando a energia.

Por fim, a prática regular da meditação é fundamental para cultivar a paz interior e reduzir o estresse. A meditação acalma a mente, aumenta a autoconsciência e cria espaço para pensamentos positivos florescerem. Comece dedicando alguns minutos por dia a essa prática, concentrando-se na respiração ou em meditações guiadas que incentivem o relaxamento e o otimismo.

Os benefícios de cultivar pensamentos positivos são profundos e abrangem todas as áreas da vida. O estresse e a ansiedade diminuem, dando lugar a uma sensação de calma e equilíbrio. A saúde física se fortalece, com melhorias no sistema imunológico e na saúde cardiovascular. A criatividade e a capacidade de resolver problemas se expandem, permitindo soluções inovadoras para desafios diários. Os relacionamentos tornam-se mais harmoniosos e enriquecedores, e a autoestima cresce, promovendo confiança e autossuficiência.

Esse processo de transformação não acontece da noite para o dia, mas cada passo dado em direção a uma mentalidade mais positiva constrói uma base sólida para uma vida mais plena. Com disciplina, prática e paciência, você perceberá que a realidade ao seu redor começa a se moldar segundo a energia que você cultiva internamente.

Assim, ao assumir a responsabilidade pelos próprios pensamentos e emoções, você se torna o arquiteto da sua própria vida. Cada pensamento positivo é uma semente plantada com intenção e cuidado, pronta para florescer e transformar sua realidade. Esse poder de moldar a própria existência sempre esteve em suas mãos — basta escolher usá-lo com sabedoria e propósito.

A transformação de nossa realidade através do pensamento positivo é um reflexo do poder inerente à mente humana, uma força criadora que transcende a mera observação. Esse fenômeno não acontece de forma instantânea ou mágica, mas sim como resultado de um processo contínuo de alinhamento entre intenção, crença e ação. Assim, a verdadeira mudança começa na percepção interna, onde cada pensamento plantado com propósito e cuidado cria raízes que se expandem para influenciar os eventos externos. Com isso, nossa vida passa a ser uma expressão genuína da energia que cultivamos.

Quando aceitamos o papel ativo que desempenhamos na construção de nossas experiências, também assumimos a responsabilidade de escolher pensamentos que promovam crescimento e harmonia. Esse trabalho interno pode parecer desafiador no início, mas os frutos são inegáveis. Ao nos concentrarmos em padrões mentais construtivos, criamos um fluxo natural de oportunidades e sincronicidades que confirmam e reforçam as vibrações que emitimos. Cada pequeno ajuste em nossa mentalidade contribui para a construção de um campo energético mais coerente e alinhado com nossos desejos mais profundos.

A jornada para uma vida de abundância não depende apenas de pensamentos positivos, mas de uma prática constante que integra intenção, ação e gratidão. Ao nos dedicarmos a essa disciplina mental, percebemos que as mudanças que buscamos no mundo exterior começam dentro de nós mesmos. Com o tempo, a sinergia entre nossas intenções e os eventos ao nosso redor transforma a percepção de nossas limitações em um horizonte de possibilidades infinitas, encerrando o capítulo com a certeza de que o poder de moldar nossa realidade está, e sempre esteve, em nossas próprias mãos.

Capítulo 3
Afirmações Poderosas

As palavras exercem uma influência direta e significativa na construção da realidade pessoal. Ao escolher conscientemente declarações positivas e fortalecedoras, é possível direcionar a mente para a conquista de objetivos e a superação de desafios. Afirmações são ferramentas poderosas que atuam como catalisadoras de mudanças internas, criando um ambiente mental propício para o desenvolvimento da autoconfiança, da motivação e da clareza de propósito. Quando incorporadas com intenção e consistência, elas moldam pensamentos, comportamentos e emoções, promovendo uma transformação profunda e duradoura. Esse processo envolve a substituição de crenças limitantes por ideias construtivas, capazes de impulsionar a realização de metas e o fortalecimento da autopercepção.

A prática constante de afirmações fortalece as conexões neurais responsáveis por hábitos positivos e padrões mentais produtivos. Cada frase afirmada com convicção age como uma semente que, cultivada com persistência, floresce em atitudes coerentes com os objetivos desejados. Assim, o uso consciente das palavras se torna uma estratégia poderosa para realinhar a mente e o comportamento, conduzindo a resultados concretos em diversas áreas da vida. Essa transformação não acontece de forma instantânea, mas gradualmente, através de um processo contínuo de repetição, reflexão e vivência das afirmações, que solidifica novas crenças e comportamentos alinhados com o crescimento pessoal.

Com o tempo, as afirmações deixam de ser meras palavras e passam a integrar a identidade de quem as pratica, influenciando positivamente as decisões, relações e oportunidades. A mente se adapta às novas ideias e começa a operar de maneira mais assertiva e otimista, abrindo caminho para uma vida mais equilibrada, abundante e significativa. Esse comprometimento diário com pensamentos positivos não apenas fortalece a resiliência diante dos desafios, mas também cria um ciclo virtuoso de autoconfiança, foco e realização. Assim, adotar afirmações poderosas como parte da rotina é um passo fundamental para alcançar uma transformação completa e sustentável.

Imagine sua mente como um jardim. Se você plantar sementes de ervas daninhas, elas irão crescer e sufocar as flores. Da mesma forma, se você alimentar sua mente com pensamentos negativos e crenças limitantes, eles irão se enraizar e bloquear o fluxo da abundância. As afirmações são como sementes de flores vibrantes e perfumadas que, quando plantadas e cultivadas com cuidado, transformam seu jardim mental em um oásis de positividade e prosperidade.

A mente subconsciente funciona como um vasto programa que regula pensamentos, emoções e comportamentos, influenciando diretamente a forma como vivenciamos a realidade. Responsável por grande parte das decisões automáticas que tomamos, ela armazena crenças profundas que orientam nossas ações diárias. As afirmações poderosas atuam justamente nesse nível oculto, reprogramando padrões limitantes e substituindo-os por pensamentos positivos e fortalecedores. Esse processo é semelhante a atualizar um sistema operacional interno: cada palavra afirmada com convicção instala novas ideias, moldando gradualmente a percepção que temos de nós mesmos e do mundo.

Ao repetir afirmações carregadas de intenção e emoção, criamos novas conexões neurais. Isso reforça caminhos mentais positivos que influenciam atitudes, decisões e até mesmo a forma como enfrentamos desafios. Essa repetição não é apenas uma formalidade, mas uma prática que, com o tempo, transforma crenças negativas em autoconfiança e motivação. A mente passa a operar em uma frequência mais elevada, sintonizada com objetivos de crescimento, superação e realização.

Para que as afirmações sejam verdadeiramente eficazes, sua formulação deve seguir alguns princípios fundamentais. Em primeiro lugar, elas precisam ser positivas. A mente não processa bem negações, então frases como "não quero mais fracassar" são menos eficazes do que "sou capaz de alcançar meus objetivos." Ao afirmar o que deseja conquistar, você direciona sua energia para resultados concretos e construtivos.

A construção das afirmações no tempo presente é igualmente importante. Dizer "eu serei bem-sucedido" projeta o desejo para um futuro indefinido, enquanto "eu sou bem-sucedido" cria uma conexão imediata com essa realidade, fazendo com que o cérebro reconheça esse estado como algo já existente. Esse detalhe simples reforça a ideia de que a mudança já está em curso.

A especificidade é outro pilar essencial. Afirmações vagas tendem a ter impacto limitado porque não oferecem um foco claro para a mente subconsciente. Ao detalhar exatamente o que deseja, você facilita a visualização e a concretização de seus objetivos. Por exemplo, afirmar "eu prospero financeiramente com meu trabalho criativo" é mais poderoso do que simplesmente dizer "eu quero ser rico."

O uso da primeira pessoa fortalece a conexão com a afirmação. Frases que começam com "eu sou" ou "eu tenho" criam um vínculo direto entre o que é afirmado e quem você é. Isso reforça a responsabilidade pessoal pela própria transformação e aumenta a autenticidade da declaração. Esse vínculo pessoal desperta o comprometimento com o processo de mudança.

Além disso, carregar as afirmações com emoção intensa potencializa seus efeitos. Sentir genuinamente o que se está afirmando — alegria, gratidão ou entusiasmo — amplia a conexão entre a mente consciente e o subconsciente. Esse envolvimento emocional faz com que a mente registre a afirmação como algo real e urgente, acelerando sua manifestação.

Exemplos práticos de afirmações poderosas podem ser incorporados para trabalhar diversas áreas da vida. No campo da prosperidade, por exemplo, afirmar "Eu sou um ímã para a prosperidade e a abundância. O dinheiro flui para mim com facilidade e alegria" ativa uma mentalidade de abundância e abre espaço para oportunidades financeiras. Para a saúde, a frase "Meu corpo é saudável, forte e cheio de vitalidade. Eu me cuido com amor e respeito" fortalece o compromisso com o autocuidado e bem-estar físico.

Relacionamentos também podem ser nutridos por afirmações como "Eu atraio relacionamentos amorosos e saudáveis. Sou amado(a) e valorizado(a) por quem eu sou." Essa frase reforça o valor pessoal e a crença de que conexões afetivas positivas são possíveis e merecidas. Já no campo da autoestima, declarações como "Eu me amo e me aceito completamente. Sou digno(a) de amor, felicidade e sucesso" ajudam a construir uma base sólida de autovalorização e confiança.

Para aplicar essas afirmações no dia a dia de forma eficaz, alguns hábitos simples podem ser incorporados. Escolher afirmações alinhadas com seus objetivos reais é o primeiro passo. Não adianta repetir frases que não ressoam com suas necessidades e desejos. Elas precisam ter significado verdadeiro e representar aspirações genuínas.

A repetição consistente também é essencial. Reservar momentos específicos do dia, como ao acordar e antes de dormir, para afirmar suas declarações reforça a mensagem na mente subconsciente. Esse hábito cria um ritmo constante de reprogramação mental.

Escrever as afirmações e mantê-las por perto é uma estratégia poderosa. Anotar frases em cartões e colocá-los em locais visíveis — como no espelho, na mesa de trabalho ou na porta da geladeira — serve como lembrete constante daquilo que você está cultivando. Esse contato visual frequente reforça a mensagem e mantém o foco nos objetivos.

A visualização detalhada potencializa ainda mais o impacto das afirmações. Ao repetir cada frase, imagine com clareza a realização do que está sendo afirmado. Envolva todos os sentidos nessa visualização: sinta, veja, ouça e até mesmo imagine os aromas ou texturas associados ao seu objetivo. Essa vivência mental aproxima a realidade desejada.

Outra prática eficaz é o uso de espelhos. Olhar diretamente nos próprios olhos enquanto afirma seus desejos fortalece a conexão com o subconsciente e aumenta a credibilidade das palavras. Esse exercício diário, embora simples, tem um impacto profundo na autoconfiança.

Gravar as afirmações com a própria voz e ouvi-las em momentos de relaxamento também é uma excelente forma de reforçar suas mensagens internas. A familiaridade da própria voz aumenta a autenticidade da afirmação e facilita a absorção pelo subconsciente.

Além disso, a criação de um quadro de visualização com imagens, palavras e símbolos que representem seus objetivos pode ser um estímulo poderoso. Integrar afirmações a esse quadro reforça a conexão emocional e mental com os desejos, tornando-os mais tangíveis.

Incorporar as afirmações à meditação amplia ainda mais seus efeitos. Em um estado de relaxamento profundo, o subconsciente está mais receptivo, facilitando a integração das novas crenças. Repetir afirmações durante a meditação cria um ambiente interno propício para a transformação.

Esse processo de afirmação contínua e comprometida não resulta em mudanças instantâneas, mas constrói gradualmente uma mentalidade mais forte, resiliente e confiante. Cada repetição solidifica novas crenças e impulsiona comportamentos alinhados com objetivos pessoais. A transformação ocorre de dentro para fora, refletindo-se nas atitudes, decisões e oportunidades que surgem.

Ao integrar afirmações poderosas na rotina diária, cria-se um ciclo virtuoso de autoconfiança, foco e realização. Cada pequena conquista reforça a crença de que metas maiores também são alcançáveis. Com paciência, dedicação e autenticidade, esse compromisso diário se traduz em resultados concretos e duradouros.

Assim, as afirmações deixam de ser apenas palavras para se tornarem um reflexo da identidade que está sendo construída. Elas passam a orientar pensamentos, emoções e comportamentos, moldando uma nova realidade, mais abundante, equilibrada e alinhada com seus verdadeiros propósitos. A cada frase afirmada com convicção, uma semente de transformação é plantada — e, com cuidado e persistência, floresce em conquistas reais.

As afirmações poderosas não são apenas palavras soltas, mas instrumentos de transformação profunda quando alinhadas com intenção genuína e prática constante. Incorporá-las no cotidiano é um processo de autoconhecimento e autodesenvolvimento que fortalece a mente e o espírito. Com o tempo, essas declarações positivas passam a refletir não apenas pensamentos, mas atitudes e comportamentos que moldam uma nova realidade, mais alinhada com os desejos e propósitos pessoais. É nesse processo contínuo de afirmação e ação que a verdadeira mudança ocorre, solidificando uma mentalidade de crescimento e realização.

Ao permitir que as afirmações se tornem parte da rotina, cada pequena conquista reforça a confiança de que é possível alcançar objetivos maiores. Esse ciclo positivo alimenta a motivação e cria uma base sólida para enfrentar desafios com resiliência e clareza. A transformação acontece gradualmente, mas de forma consistente, conduzindo a uma vida mais plena, equilibrada e repleta de significado. As afirmações deixam de ser meras palavras e passam a ser o reflexo de uma nova identidade, fortalecida por crenças que impulsionam o crescimento e a superação.

Assim, cultivar afirmações poderosas é um compromisso diário com o próprio bem-estar e sucesso. A jornada exige paciência, dedicação e autenticidade, mas o retorno é imensurável. Cada frase afirmada com convicção é uma semente plantada que, com cuidado e persistência, floresce em conquistas reais. Esse processo contínuo não só transforma a mente, mas também abre portas para oportunidades, conexões e experiências que refletem a abundância e o equilíbrio buscados.

Capítulo 4
Visualização Criativa

A visualização criativa é um processo mental eficaz que direciona pensamentos e emoções para a concretização de metas e sonhos. Essa prática envolve a construção de imagens mentais detalhadas de situações desejadas, promovendo uma conexão profunda entre mente e corpo. Ao criar cenas claras e envolventes, a mente se adapta à nova realidade projetada, despertando reações emocionais e comportamentais que favorecem a realização de objetivos. Essa abordagem não é apenas uma técnica abstrata, mas um mecanismo comprovado que influencia diretamente o comportamento e as decisões, ampliando as chances de sucesso pessoal e profissional.

Ao cultivar imagens mentais ricas em detalhes e emoções, ocorre um alinhamento entre os pensamentos e as ações, criando um estado mental propício para identificar oportunidades e superar desafios. Esse processo envolve mais do que simplesmente pensar de forma positiva; trata-se de incorporar mentalmente cada passo necessário para alcançar resultados concretos. A mente, ao ser treinada com constância, passa a reconhecer caminhos possíveis e desenvolve uma postura mais confiante e motivada. Esse alinhamento interno facilita a superação de obstáculos e promove a persistência diante de dificuldades.

Com a prática regular da visualização criativa, é possível estabelecer um ciclo contínuo de motivação e ação. A clareza mental gerada permite que decisões sejam tomadas com mais assertividade, enquanto a conexão emocional com o objetivo mantém o foco e a determinação elevados. Essa integração harmoniosa entre pensamento, emoção e comportamento fortalece a capacidade de transformar desejos em realidade, contribuindo para uma jornada de crescimento pessoal mais consistente e satisfatória.

Imagine um atleta olímpico se preparando para uma competição. Ele não apenas treina fisicamente, mas também visualiza cada movimento, cada etapa da corrida, sentindo a emoção da vitória antes mesmo de entrar na pista. Da mesma forma, a visualização criativa te permite "treinar" sua mente para o sucesso, criando um mapa mental detalhado do caminho que te levará à realização dos seus sonhos.

O poder da visualização criativa reside na capacidade de transformar pensamentos em realidade. Quando você imagina vividamente seus objetivos sendo alcançados, sua mente reage como se estivesse realmente vivendo aquela experiência. Esse fenômeno ocorre porque o cérebro não distingue o que é real do que é intensamente imaginado. Assim, ao criar imagens mentais claras e carregadas de emoção, você aciona processos neurológicos e fisiológicos que alinham seus pensamentos, emoções e comportamentos com suas metas. Esse alinhamento cria um caminho mental que direciona suas ações e decisões, tornando a realização de seus desejos algo tangível.

Em nível mental, a visualização ajuda a construir um roteiro interno detalhado, organizando ideias e estratégias. Isso permite tomar decisões mais assertivas e enxergar oportunidades que antes passavam despercebidas. A clareza mental obtida com essa prática elimina dúvidas e reforça o foco, facilitando a superação de obstáculos e a persistência diante de desafios. Visualizar não é apenas imaginar um resultado final, mas também integrar cada passo necessário para concretizá-lo.

No campo emocional, a visualização criativa desperta sentimentos positivos como entusiasmo, alegria e gratidão. Essas emoções são fundamentais para manter a motivação elevada, pois reforçam a confiança nas próprias capacidades e mantêm o entusiasmo ao longo da jornada. Quando você sente como se já tivesse alcançado seu objetivo, a emoção gerada intensifica o comprometimento com suas metas e acelera o processo de manifestação.

Fisicamente, o corpo também responde às imagens mentais criadas. Visualizar situações positivas estimula a liberação de hormônios do bem-estar, como endorfinas, dopamina e serotonina. Esses neurotransmissores promovem relaxamento, reduzem o estresse e aumentam a disposição física, preparando o corpo para agir com energia e resistência. O corpo, em harmonia com a mente, torna-se um instrumento mais eficiente para a concretização dos objetivos.

No nível energético, a visualização ajusta a frequência vibracional da sua energia pessoal. Quando você sintoniza com a vibração do que deseja atrair, sua energia se alinha com as oportunidades e circunstâncias necessárias para a realização das suas metas. Esse estado vibracional facilita a conexão com pessoas, situações e recursos que contribuem para a concretização de seus sonhos, criando sincronicidades e abrindo novos caminhos.

Para que a visualização criativa seja eficaz, é fundamental que ela seja feita com detalhes vívidos. Imagine cada aspecto da cena desejada com clareza, envolvendo todos os sentidos. Visualize as cores, sinta os aromas, ouça os sons e perceba as texturas. Quanto mais realista for essa imagem mental, mais profundo será o impacto no subconsciente. Essa riqueza de detalhes transforma a visualização em uma experiência completa, reforçando o comprometimento com a realização do objetivo.

Além dos detalhes, a intensidade emocional é crucial. Conecte-se profundamente com as emoções positivas que acompanham a conquista do seu objetivo. Sinta a alegria, o alívio, a satisfação e o orgulho como se tudo já estivesse acontecendo. Essas emoções não apenas intensificam a experiência, mas também potencializam o impacto da visualização, acelerando o processo de realização.

Manter o foco exclusivamente no que deseja alcançar é outro elemento essencial. Substitua pensamentos de dúvida ou medo por imagens positivas e inspiradoras. Direcionar sua atenção para os resultados desejados ajuda a manter a mente alinhada com suas metas, impedindo distrações que podem minar a confiança.

É importante que as metas visualizadas sejam ambiciosas, mas alcançáveis. Visualizar objetivos realistas, mas desafiadores, cria um equilíbrio entre inspiração e credibilidade. Esse equilíbrio aumenta a motivação e evita a frustração, mantendo o entusiasmo e a persistência.

A prática constante é a chave para fortalecer a visualização. Transforme esse exercício em um hábito diário. Dedique alguns minutos por dia para visualizar seus objetivos com intensidade. Quanto mais vezes repetir esse processo, mais forte e nítida será a imagem mental, reforçando sua conexão com o que deseja manifestar.

Para iniciar a prática da visualização criativa, siga um passo a passo simples e eficaz. Comece definindo com clareza o que deseja conquistar. Quanto mais específico for o seu objetivo, mais fácil será construir uma imagem mental vívida. Em seguida, escolha um ambiente tranquilo, onde possa se concentrar sem interrupções. Feche os olhos, respire profundamente e permita-se relaxar, deixando seu corpo leve e a mente calma.

Com a mente tranquila, comece a construir a cena desejada com riqueza de detalhes. Imagine-se vivendo plenamente a realização do seu objetivo. Visualize as cores, os sons, os aromas e as sensações físicas dessa experiência. Sinta as emoções positivas associadas a essa conquista. Experimente a gratidão antecipada, como se já estivesse desfrutando do que visualiza. Esse sentimento eleva sua vibração energética e fortalece a crença de que o objetivo já faz parte da sua realidade.

Pratique essa visualização diariamente. Reserve momentos específicos do seu dia, como ao acordar ou antes de dormir, para reforçar a imagem mental. A repetição contínua aprofunda o impacto no subconsciente e mantém o foco firme nos seus objetivos.

Alguns exemplos de visualizações podem ajudar a guiar sua prática. Para atrair prosperidade, imagine-se recebendo um valor significativo de dinheiro. Sinta a alegria, a gratidão e a segurança que essa abundância financeira proporciona. Visualize-se utilizando esse recurso para concretizar sonhos e ajudar outras pessoas. Para a saúde, imagine seu corpo cheio de energia, leve e saudável. Sinta a vitalidade pulsando em cada célula, perceba a liberdade de se mover com facilidade e aproveite o bem-estar físico.

Nos relacionamentos, visualize-se cercado de pessoas amorosas, respeitosas e que compartilham momentos felizes com você. Sinta o carinho, a conexão emocional e a cumplicidade fluindo naturalmente. Para a carreira, imagine-se ocupando o cargo dos seus sonhos, sendo reconhecido pelo seu talento e dedicação. Sinta a satisfação de realizar um trabalho significativo e o entusiasmo por crescer profissionalmente.

Para potencializar a visualização, utilize ferramentas complementares. Crie um quadro de visualização com imagens, palavras e símbolos que representem seus objetivos. Coloque esse quadro em um local visível para reforçar diariamente suas intenções. Associe afirmações positivas à sua visualização, declarando com confiança que suas conquistas já são reais. Ouça músicas que despertem emoções positivas e inspirem a conexão com seus objetivos. Pratique a visualização antes de dormir, quando a mente subconsciente está mais receptiva.

A visualização criativa, quando incorporada de forma consistente, torna-se uma ferramenta poderosa de transformação. Ela não apenas direciona a mente para objetivos claros, mas também reprograma crenças limitantes, substituindo-as por pensamentos fortalecedores. Ao persistir nessa prática, você alinha seus desejos com suas ações, criando uma base sólida para realizar metas. A combinação de imaginação vívida e ação consistente fortalece a disciplina, mantém a motivação e abre caminhos para resultados concretos.

Com o tempo, a visualização criativa promove uma transformação interna profunda. Cada pensamento visualizado com clareza e emoção se torna um passo firme em direção aos seus objetivos. Cultivar esse hábito aproxima você da realização dos seus sonhos e revela seu potencial ilimitado, conduzindo a uma vida mais plena, abundante e realizada.

A visualização criativa, quando incorporada de forma consistente ao cotidiano, se transforma em uma ferramenta poderosa de autodesenvolvimento. Esse processo não apenas direciona a mente para objetivos específicos, mas também reconfigura crenças limitantes, substituindo-as por pensamentos fortalecedores. Ao persistir nessa prática, a mente começa a operar em sintonia com as intenções mais profundas, criando uma base sólida para ações coerentes e eficazes. Essa conexão contínua entre intenção e comportamento amplia a autoconfiança e alimenta um ciclo positivo de conquistas progressivas.

Além disso, a visualização criativa pode ser integrada a outras práticas de desenvolvimento pessoal, como a meditação, a escrita de objetivos e a definição de metas mensuráveis. Essa combinação potencializa os efeitos da visualização, permitindo que cada imagem mental ganhe mais força e clareza. Assim, a pessoa não apenas sonha, mas também estrutura caminhos concretos para transformar esses sonhos em realidade. Esse equilíbrio entre imaginação e ação fortalece a disciplina e mantém a motivação elevada, mesmo diante de desafios inesperados.

Ao longo do tempo, a prática constante da visualização criativa promove uma profunda transformação interior, alinhando desejos com comportamentos e criando oportunidades antes invisíveis. Cada pensamento visualizado com clareza e emoção se torna um passo firme na direção dos objetivos traçados. Dessa forma, cultivar esse hábito não só aproxima você da realização de seus sonhos, mas também desperta uma nova percepção sobre seu potencial ilimitado, conduzindo a uma vida mais plena e realizada.

Capítulo 5
A Lei da Atração

A Lei da Atração opera de maneira contínua e direta em todos os aspectos da vida, influenciando a realidade de cada indivíduo conforme seus pensamentos, emoções e crenças. Ao reconhecer que tudo no universo é energia em movimento, torna-se evidente que cada ideia e sentimento que se manifesta dentro de nós carrega uma vibração capaz de interagir com o ambiente ao redor. Essa interação constante molda as experiências diárias, atraindo situações e oportunidades que refletem o padrão energético predominante. Assim, cultivar pensamentos positivos, sentimentos elevados e crenças fortalecedoras não é apenas um exercício mental, mas uma forma concreta de direcionar a própria vida para caminhos mais harmoniosos e prósperos.

Compreender profundamente esse princípio permite uma mudança de perspectiva, onde cada indivíduo passa a ser responsável por cocriar sua realidade de maneira consciente. Isso significa que, ao alinhar intenções claras com ações consistentes, é possível transformar desejos em experiências tangíveis. A partir desse entendimento, surge a oportunidade de utilizar o poder pessoal para atrair prosperidade, saúde, amor e realizações em diversas áreas. Esse processo exige não apenas a mudança de pensamentos, mas também o cultivo de emoções positivas e a eliminação de crenças limitantes que possam bloquear o fluxo natural da abundância.

Ao assumir o papel ativo na criação da própria realidade, cada escolha se torna uma ferramenta poderosa para manifestar resultados desejados. Desenvolver o hábito de focar a atenção no que se deseja, mantendo uma vibração elevada por meio da gratidão, da visualização e de ações alinhadas, estabelece uma conexão direta com as oportunidades certas. Dessa forma, a vida se transforma em um reflexo das intenções conscientes, permitindo vivenciar experiências que realmente correspondem aos desejos mais profundos, criando um ciclo contínuo de crescimento, realização e plenitude.

Imagine o universo como um vasto oceano de energia, onde cada gota vibra cm uma frequência específica. Seus pensamentos e emoções são como ondas que se propagam nesse oceano, atraindo para si outras ondas de frequência similar. Se você emana vibrações de alegria, gratidão e prosperidade, você atrairá para sua vida experiências que ressoam com essa mesma frequência, criando um ciclo virtuoso de abundância.

A Lei da Atração é uma força universal que age continuamente, moldando a realidade de cada indivíduo de acordo com seus pensamentos, emoções e crenças. Tudo no universo é composto por energia em constante movimento, e essa energia responde diretamente à vibração que emitimos. Cada pensamento e emoção funciona como uma frequência que se propaga e interage com o ambiente ao nosso redor, atraindo circunstâncias, pessoas e oportunidades que vibram na mesma sintonia. Assim, ao cultivar pensamentos positivos, emoções elevadas e crenças fortalecedoras, estamos, na prática, direcionando nossa vida para caminhos mais prósperos e harmoniosos.

Compreender esse princípio transforma a maneira como vemos nossas experiências. Deixamos de ser vítimas do acaso e assumimos o papel de cocriadores da nossa realidade. Esse entendimento revela que pensamentos e emoções não são apenas estados internos passageiros, mas forças criativas que moldam o que vivenciamos. Quando alinhamos nossos desejos com ações consistentes e emoções positivas, nos conectamos diretamente com o fluxo natural da abundância. Esse processo exige vigilância sobre as crenças limitantes que possam bloquear esse fluxo e a disposição para substituí-las por ideias que favoreçam o crescimento.

Assumir o controle da própria realidade é uma escolha poderosa. Cada decisão, por menor que pareça, é uma semente plantada no terreno fértil da mente. Focar a atenção no que se deseja, mantendo uma vibração elevada através da gratidão, visualização e ações alinhadas, cria uma conexão energética com as oportunidades que favorecem a realização desses desejos. Assim, a vida se torna um reflexo das intenções que escolhemos nutrir, criando um ciclo contínuo de crescimento e realização.

Imagine o universo como um imenso campo vibracional, onde tudo está interligado por frequências energéticas. Nossos pensamentos e emoções são ondas que se propagam nesse campo, atraindo para nós tudo o que vibra de forma semelhante. Se emanamos sentimentos de alegria, gratidão e amor, sintonizamos com experiências positivas e oportunidades que reforçam esses estados. Da mesma forma, se mantemos pensamentos de medo ou escassez, atraímos situações que refletem essas vibrações.

Para aplicar a Lei da Atração de forma eficaz, é essencial compreender seus princípios fundamentais. O primeiro deles é que tudo é energia. Cada pensamento, emoção e crença que mantemos é uma forma de energia que interage com o universo. Quando percebemos que nossas ideias têm poder criativo, podemos conscientemente escolher pensamentos que estejam alinhados com os resultados que desejamos manifestar.

O segundo princípio é que semelhante atrai semelhante. A energia que você emite age como um ímã, atraindo circunstâncias que estão na mesma frequência. Pensamentos positivos e emoções elevadas criam um campo energético favorável à manifestação de experiências positivas. Por outro lado, pensamentos negativos atraem desafios e obstáculos. Por isso, cultivar uma mentalidade positiva é essencial para atrair uma realidade próspera.

Outro aspecto central é reconhecer que você é um cocriador da sua realidade. Cada escolha, pensamento e sentimento influencia diretamente o que você vivencia. Ao agir com consciência e intenção, você assume o controle sobre o fluxo de energia que molda sua vida. Isso significa que a responsabilidade pelos resultados está em suas mãos, mas também o poder de transformar qualquer situação.

A vibração e a frequência com que você opera são determinantes. Práticas como a meditação, a gratidão e a visualização criativa ajudam a elevar sua vibração, alinhando sua energia com a frequência da abundância. Quanto mais você mantiver essa vibração elevada, mais fácil será atrair experiências positivas.

O foco e a atenção são ferramentas poderosas. Onde você concentra sua atenção, sua energia flui. Se você dedica seu foco aos seus objetivos com clareza e consistência, cria um campo energético que facilita a realização desses desejos. Distrações ou pensamentos dispersos enfraquecem esse campo, enquanto a atenção dirigida o fortalece.

Para colocar esses princípios em prática, comece definindo claramente o que deseja. A clareza de intenção é essencial para canalizar sua energia de forma eficaz. Seja específico e detalhado em seus objetivos. Visualize seus desejos com riqueza de detalhes, imagine-se vivendo essa realidade e envolva-se emocionalmente com essa experiência. Sinta a alegria, a gratidão e a satisfação de já ter alcançado o que deseja.

Afirmações positivas são ferramentas valiosas para reprogramar o subconsciente. Declare com convicção frases que reforcem seus objetivos, como "Eu sou merecedor de prosperidade e sucesso" ou "Estou aberto a receber amor e abundância em minha vida". A repetição diária dessas afirmações fortalece a crença de que seus desejos são possíveis e próximos de se realizar.

A ação é um componente indispensável da Lei da Atração. Pensar e sentir positivamente são fundamentais, mas é por meio de ações consistentes e intencionais que as oportunidades se concretizam. Movimente-se em direção aos seus sonhos, tome decisões alinhadas com seus objetivos e aproveite as oportunidades que surgem.

A gratidão é uma prática que amplifica a vibração positiva. Agradeça por tudo o que você já tem e pelo que está a caminho. Esse estado de apreciação eleva sua frequência energética, abrindo espaço para receber ainda mais. A gratidão transforma a percepção da realidade, tornando-a mais leve e abundante.

Libere resistências internas. Crenças limitantes, medos e dúvidas bloqueiam o fluxo da abundância. Identifique esses bloqueios e trabalhe para dissolvê-los, seja por meio de autoconhecimento, terapias ou técnicas como o Ho'oponopono. Ao liberar essas barreiras, você permite que a energia flua livremente, facilitando a manifestação dos seus desejos.

Confie no processo. Desenvolva a confiança de que o universo está conspirando a seu favor. Nem sempre os resultados aparecem de forma imediata, mas manter a fé e a paciência é fundamental. Essa confiança plena mantém sua vibração elevada e fortalece sua conexão com o fluxo natural da vida.

Para exemplificar a aplicação prática da Lei da Atração, pense em manifestar prosperidade. Visualize-se recebendo dinheiro com facilidade, pagando suas contas com tranquilidade e investindo em projetos pessoais. Sinta a segurança e a liberdade financeira. Ao mesmo tempo, adote hábitos que sustentem essa mentalidade de abundância, como o planejamento financeiro e o desenvolvimento de novas habilidades.

No campo dos relacionamentos, imagine-se compartilhando momentos felizes com um parceiro amoroso e respeitoso. Sinta-se amado e valorizado. Paralelamente, desenvolva o amor-próprio, participe de ambientes sociais e esteja aberto a novas conexões. Esse equilíbrio entre desejo e ação cria o ambiente ideal para atrair um relacionamento saudável.

Para a saúde, visualize-se com energia e vitalidade. Sinta seu corpo leve e equilibrado. Adote hábitos saudáveis, como alimentação balanceada, exercícios físicos e práticas de relaxamento. Esse comprometimento com o bem-estar fortalece sua vibração e atrai saúde plena.

Ao integrar esses princípios ao seu dia a dia, mudanças sutis começam a ocorrer. Coincidências, oportunidades e encontros significativos surgem como reflexos do seu alinhamento energético. A cada conquista, sua confiança no poder da mente e das emoções se fortalece, incentivando a continuidade dessa prática.

Com o tempo, a Lei da Atração se torna mais do que uma técnica — ela se integra ao seu modo de ser. Obstáculos são encarados como aprendizados, e a vida flui de forma mais leve e abundante. Esse processo contínuo de autoconhecimento e ação consciente revela o potencial ilimitado de cada pessoa para criar uma realidade plena e significativa. Ao assumir a responsabilidade pela própria vida, você descobre que a verdadeira transformação começa dentro de você, e que o universo responde a cada pensamento, emoção e ação com infinitas possibilidades.

Ao integrar esses princípios no cotidiano, é possível perceber mudanças sutis, mas profundas, nas experiências diárias. Pequenos sinais, coincidências e oportunidades começam a surgir, confirmando que o alinhamento energético está em harmonia com os desejos cultivados. Esse processo reforça a confiança no poder da mente e das emoções, incentivando uma prática constante de pensamentos positivos e ações conscientes. A cada conquista, mesmo que modesta, consolida-se a compreensão de que somos coautores de nossa própria história, guiando-a com intenção e propósito.

Com o tempo, esse novo padrão de pensamento se torna natural, transformando desafios em oportunidades de crescimento e aprendizado. Obstáculos que antes pareciam intransponíveis passam a ser vistos como degraus para a evolução pessoal. Esse olhar positivo não nega a existência de dificuldades, mas permite enfrentá-las com resiliência e sabedoria, confiando que cada experiência contribui para o desenvolvimento e a realização dos sonhos. Assim, a Lei da Atração se revela não apenas como uma ferramenta de conquista, mas como um caminho de autoconhecimento e expansão da consciência.

Portanto, abraçar a responsabilidade por sua própria realidade é também um convite à transformação interna. Ao cultivar pensamentos e sentimentos alinhados com seus desejos, agir com determinação e manter a fé no processo, você cria as condições ideais para que a vida flua de maneira mais leve e abundante. Esse caminho de manifestação consciente leva não apenas à realização de metas, mas também a uma existência mais plena, equilibrada e em sintonia com o universo.

Capítulo 6
Eliminando Crenças Limitantes

Crenças limitantes representam barreiras mentais profundas que influenciam diretamente pensamentos, comportamentos e decisões, restringindo o potencial de crescimento e prosperidade. Elas são padrões de pensamento negativos, muitas vezes enraizados desde a infância ou adquiridos por experiências passadas e influências externas, que moldam a forma como a pessoa percebe a si mesma, o mundo e suas possibilidades. Essas ideias autossabotadoras dificultam a realização de objetivos e impedem o desenvolvimento pleno, criando uma sensação constante de incapacidade e limitação. Reconhecer a existência dessas crenças é o primeiro passo fundamental para transformar a mentalidade e abrir caminho para uma vida mais abundante e realizada.

Superar essas crenças exige uma abordagem consciente e estratégica. É essencial observar atentamente pensamentos recorrentes, padrões de comportamento e reações emocionais diante de desafios e oportunidades. A análise crítica desses aspectos permite identificar quais ideias estão limitando o progresso pessoal e profissional. Questionar a veracidade dessas crenças, confrontando-as com experiências positivas e evidências concretas, facilita a desconstrução de conceitos distorcidos. A partir desse processo, é possível substituir pensamentos negativos por afirmações positivas e construtivas, que reforçam a autoconfiança e incentivam a busca por novas conquistas. Essa mudança de perspectiva é essencial para romper com limitações internas e abrir espaço para o crescimento.

Adotar práticas que auxiliem na reprogramação mental, como afirmações diárias, visualizações e técnicas de autoconhecimento, fortalece a capacidade de ressignificar crenças limitantes. Métodos como a Programação Neurolinguística (PNL), o Ho'oponopono e a Emotional Freedom Techniques (EFT) são ferramentas eficazes para modificar padrões mentais e emocionais, promovendo uma mentalidade mais positiva e aberta às oportunidades. Além disso, buscar apoio profissional, como terapia ou coaching, pode aprofundar o processo de autoconhecimento e acelerar a superação dessas barreiras. Ao integrar essas estratégias, é possível desenvolver uma mentalidade alinhada com o sucesso, permitindo que a abundância flua livremente e que objetivos sejam alcançados com mais facilidade e confiança.

Imagine um pássaro preso em uma gaiola. Suas asas são fortes, prontas para voar grandes distâncias, mas os limites de sua prisão o impedem de explorar o céu aberto. Assim funcionam as crenças limitantes: são grades invisíveis que restringem a capacidade de alcançar sonhos e viver plenamente. Embora o potencial para o sucesso e a realização esteja presente, essas barreiras mentais mantêm a pessoa presa em padrões de comportamento autossabotadores, impedindo-a de alçar voos mais altos.

Para quebrar essas barreiras, o primeiro passo é identificar as crenças limitantes que atuam silenciosamente na mente. Elas geralmente operam de forma sutil, como pensamentos recorrentes e automáticos. Frases como *"Eu não sou bom o suficiente"*, *"Eu não mereço ser feliz"* ou *"Dinheiro só traz problemas"* são sinais claros de que ideias distorcidas estão moldando a percepção da própria capacidade e bloqueando oportunidades. Observar o diálogo interno é essencial para perceber esses padrões. Quando surgirem pensamentos negativos, questione: *"De onde vem essa ideia?"* e *"Ela é realmente verdadeira?"* Esse processo de reflexão é o primeiro passo para enfraquecer o poder dessas crenças.

Além dos pensamentos, medos e inseguranças também revelam crenças limitantes. O medo do fracasso, da rejeição ou até mesmo do sucesso pode estar enraizado em experiências passadas que criaram uma visão distorcida sobre a própria capacidade. Ao identificar esses medos e entender sua origem, é possível começar a desconstruí-los. Por exemplo, o medo de assumir grandes responsabilidades pode ter nascido de críticas constantes durante a infância. Reconhecer essa origem permite reavaliar e reformular esses sentimentos.

Outro indicador das crenças limitantes são padrões de comportamento repetitivos. Se você costuma desistir de projetos importantes, procrastinar ou se autossabotar quando está prestes a alcançar algo significativo, esses comportamentos podem ser resultado direto de crenças inconscientes. Analisar essas atitudes ajuda a entender como essas ideias estão influenciando suas decisões e como quebrar esse ciclo prejudicial.

As reações emocionais também são pistas importantes. Sentimentos frequentes de ansiedade, frustração ou raiva diante de desafios podem sinalizar crenças limitantes ocultas. Esses estados emocionais servem como um alerta de que algo precisa ser ajustado internamente. Ao acolher essas emoções e buscar compreendê-las, abre-se espaço para transformá-las em sentimentos mais positivos e construtivos.

A origem dessas crenças geralmente remonta a experiências da infância. Frases ditas por pais, professores ou cuidadores, como *"Você nunca vai ser bem-sucedido"* ou *"Dinheiro não dá em árvore"*, podem se fixar profundamente no subconsciente. Essas mensagens negativas, repetidas ao longo do tempo, moldam a forma como a pessoa se percebe e se relaciona com o sucesso e a prosperidade.

Experiências traumáticas, como falências familiares ou perdas financeiras, também deixam marcas que alimentam a ideia de que a prosperidade não é segura ou possível. Do mesmo modo, a influência do ambiente social, da mídia e da cultura reforça crenças de escassez. Comentários como *"Dinheiro muda as pessoas"* ou *"Rico não presta"* são internalizados e dificultam a aceitação da abundância.

A pressão social e a comparação constante com os outros são outros fatores que alimentam crenças limitantes. Redes sociais e padrões impostos pela sociedade criam uma sensação de inadequação, levando a pensamentos como *"Nunca serei bom o suficiente"* ou *"Não tenho o que é preciso para alcançar o sucesso"*. Identificar esses gatilhos é essencial para se libertar dessas comparações e focar no desenvolvimento pessoal.

Para eliminar crenças limitantes, é necessário adotar técnicas que auxiliem na reprogramação mental. O primeiro passo é questionar essas crenças. Pergunte a si mesmo: *"Essa crença é baseada em fatos ou em percepções distorcidas?"* e *"Existe alguma evidência concreta que comprove isso?"* Revisitar momentos em que você superou desafios semelhantes pode ajudar a enfraquecer a força dessas ideias.

Outra técnica eficaz é o reenquadramento. Substitua pensamentos limitantes por afirmações positivas. Se você costuma pensar *"Eu não sou bom o suficiente"*, transforme esse pensamento em *"Eu tenho habilidades únicas e estou em constante evolução"*. Esse novo padrão de pensamento, repetido com frequência, reprograma a mente para enxergar desafios como oportunidades de crescimento.

As afirmações positivas são fundamentais nesse processo. Declare frases fortalecedoras como *"Eu sou digno de prosperidade e sucesso"* ou *"Eu tenho todas as habilidades necessárias para alcançar meus objetivos"*. Repetir essas afirmações com emoção, especialmente ao acordar e antes de dormir, reforça a autoconfiança e reestrutura as crenças subconscientes.

A visualização criativa também é uma poderosa ferramenta. Imagine-se vivenciando plenamente seus objetivos, com detalhes vívidos. Visualize-se superando desafios com confiança, celebrando conquistas e vivendo a realidade que deseja. Quanto mais real e envolvente for essa prática, mais o subconsciente aceitará essa nova realidade como possível.

Técnicas como EFT (Emotional Freedom Techniques) são eficazes para liberar bloqueios emocionais. Ao estimular pontos específicos do corpo com toques leves enquanto verbaliza frases de aceitação, como *"Mesmo que eu tenha medo de fracassar, eu me aceito e me amo profundamente"*, você dissolve padrões emocionais negativos e permite que novas crenças positivas sejam incorporadas.

O Ho'oponopono é outra prática transformadora. Repetir as frases *"Sinto muito, me perdoe, eu te amo, sou grato"* ajuda a limpar memórias dolorosas e crenças limitantes, promovendo paz interior e equilíbrio emocional. Esse processo de reconciliação com o passado libera espaço para novos pensamentos e experiências.

A Programação Neurolinguística (PNL) e a hipnose também são métodos avançados para reprogramar o subconsciente. A PNL atua na forma como você interpreta suas experiências, permitindo modificar padrões de pensamento negativos. A hipnose, por sua vez, acessa estados profundos da mente, facilitando a instalação de novos pensamentos e comportamentos positivos.

Buscar apoio profissional, como terapia ou coaching, pode acelerar esse processo. Um terapeuta qualificado pode ajudar a identificar crenças limitantes profundas e conduzir o processo de cura emocional, enquanto um coach pode orientar na construção de novos hábitos e estratégias para alcançar objetivos.

Por fim, criar um ambiente que favoreça o crescimento pessoal é essencial. Conviva com pessoas que compartilham pensamentos positivos e que incentivam o desenvolvimento. Consuma conteúdos inspiradores, participe de eventos de autoconhecimento e envolva-se em comunidades que valorizam o crescimento pessoal.

A transformação de crenças limitantes não acontece de forma instantânea, mas por meio de um processo contínuo de autoconhecimento, prática e persistência. A cada nova crença positiva incorporada, a mente se fortalece, e o caminho para o sucesso e a prosperidade se torna mais claro.

Assumir o controle sobre os próprios pensamentos é um ato de coragem e liberdade. Ao substituir crenças autossabotadoras por ideias fortalecedoras, você expande seu potencial e cria oportunidades para uma vida mais plena e abundante. Cada pequeno passo dado nessa direção reforça sua capacidade de superar desafios e de construir uma realidade alinhada com seus sonhos.

Para consolidar a transformação da mente e eliminar definitivamente as crenças limitantes, é crucial manter a consistência nas práticas adotadas. A mudança de mentalidade não ocorre de forma instantânea, mas sim através de um processo contínuo de autoconhecimento e autodesenvolvimento. Cultivar hábitos diários que reforcem pensamentos positivos e ações alinhadas com seus objetivos fortalece a resiliência e amplia a capacidade de enfrentar desafios. Esse comprometimento diário cria uma base sólida para sustentar o crescimento pessoal e financeiro, permitindo que novas crenças empoderadoras se enraízem profundamente.

Além disso, cercar-se de ambientes e pessoas que estimulem o crescimento é fundamental para sustentar essa evolução. Participar de grupos de apoio, eventos de desenvolvimento pessoal ou mesmo consumir conteúdos inspiradores pode acelerar o processo de mudança. A convivência com indivíduos que compartilham valores de prosperidade e superação alimenta a motivação e encoraja a persistência diante de obstáculos. Assim, a influência positiva do ambiente externo atua como um reforço poderoso na construção de uma mentalidade abundante.

Ao integrar esses novos hábitos e perspectivas à sua rotina, você assume o controle da sua própria narrativa, abrindo caminho para realizar seus sonhos com confiança e determinação. As limitações impostas por crenças antigas perdem força diante de uma mentalidade fortalecida, e o horizonte de possibilidades se expande. Com dedicação e perseverança, cada passo dado representa um avanço em direção a uma vida mais plena, próspera e alinhada com o verdadeiro potencial que há dentro de você.

Capítulo 7
Autoconhecimento Profundo

O autoconhecimento é uma jornada essencial e transformadora que permite compreender profundamente quem você é, reconhecendo suas crenças, valores, emoções, talentos e propósito de vida. Ao explorar cada aspecto do seu ser, você se conecta com sua essência, identifica padrões de comportamento e descobre potenciais ocultos. Esse mergulho interior proporciona clareza sobre suas motivações e escolhas, permitindo agir com mais consciência e autenticidade. Quando você entende suas limitações e fortalezas, torna-se capaz de superar obstáculos e direcionar suas ações de forma estratégica, criando um caminho sólido para alcançar seus objetivos e manifestar a vida que deseja.

Esse processo de autodescoberta revela não apenas habilidades e talentos, mas também crenças limitantes e comportamentos autossabotadores que podem impedir seu crescimento. Ao reconhecer esses padrões, você desenvolve a capacidade de transformá-los, substituindo pensamentos negativos por perspectivas mais construtivas e positivas. Esse movimento interno favorece a criação de hábitos mais saudáveis, fortalece a autoestima e amplia sua visão sobre o que é possível realizar. Assim, o autoconhecimento se torna uma ferramenta poderosa para alinhar suas ações com seus valores e propósitos, facilitando a construção de uma vida plena e satisfatória.

Além disso, aprofundar o conhecimento sobre si mesmo impacta diretamente suas relações e decisões. Você passa a agir com mais empatia e compreensão, estabelecendo conexões mais autênticas e equilibradas. Essa conexão consigo mesmo gera paz interior, resiliência e segurança para enfrentar desafios e abraçar oportunidades. Ao desenvolver essa consciência, você desbloqueia o fluxo natural da abundância em todas as áreas da sua vida, vivendo de forma mais alinhada com quem você verdadeiramente é e com os caminhos que deseja trilhar.

Imagine-se como um explorador que se aventura em uma floresta densa e desconhecida. Sem um mapa ou bússola, cada passo é incerto e cheio de desafios ocultos. No entanto, com as ferramentas certas, você começa a desvendar trilhas, superar obstáculos e, eventualmente, descobrir tesouros escondidos. O autoconhecimento funciona exatamente como esse mapa: ele ilumina caminhos, revela armadilhas e aponta direções seguras. Quando você se dedica a compreender quem realmente é, passa a navegar com mais clareza pela complexidade de sua mente e emoções, desbloqueando o potencial para alcançar seus sonhos.

Esse mergulho interior não é apenas um processo de autoanálise, mas uma jornada profunda que revela crenças, emoções, talentos e propósitos. Ele proporciona clareza sobre seus desejos e escolhas, permitindo agir de maneira mais consciente e autêntica. Ao entender suas limitações e reconhecer suas fortalezas, você se torna capaz de superar obstáculos e direcionar suas ações de forma estratégica. Esse alinhamento interior constrói uma base sólida para alcançar metas e manifestar a vida que deseja.

Mais do que identificar habilidades, o autoconhecimento traz à tona padrões de comportamento e crenças limitantes que bloqueiam o crescimento. Reconhecer esses bloqueios permite substituí-los por pensamentos construtivos e hábitos positivos. Essa transformação interna fortalece a autoestima, amplia a visão sobre o que é possível realizar e alinha suas ações com seus valores mais profundos. Assim, você abre caminho para uma vida plena e satisfatória, onde cada decisão é tomada com consciência e propósito.

Ao aprofundar o conhecimento sobre si mesmo, seus relacionamentos e decisões também se transformam. Com mais empatia e compreensão, você passa a estabelecer conexões autênticas e equilibradas. Essa harmonia interna gera paz, resiliência e segurança para enfrentar desafios e abraçar oportunidades. A conexão consigo mesmo desbloqueia o fluxo da abundância em todas as áreas da vida, permitindo que você viva alinhado com sua essência e caminhe com confiança em direção aos seus objetivos.

O autoconhecimento é essencial para atrair a abundância porque ele revela crenças limitantes que operam silenciosamente e bloqueiam o seu potencial. Ao identificar esses padrões, você pode substituí-los por pensamentos fortalecedores, criando uma mentalidade propícia ao crescimento. Esse processo também permite reconhecer comportamentos repetitivos que impedem seu progresso. Quando você compreende esses ciclos, torna-se possível interrompê-los e adotar novos hábitos mais produtivos.

Além disso, o autoconhecimento desperta talentos e habilidades que muitas vezes permanecem adormecidos. Ao valorizar essas aptidões naturais, você consegue direcionar sua energia para atividades que geram satisfação e realização. Esse alinhamento com suas capacidades potenciais amplia sua produtividade e criatividade, contribuindo para uma vida mais equilibrada e próspera.

Outro aspecto transformador do autoconhecimento é a descoberta do propósito de vida. Compreender o que realmente faz sentido para você traz clareza e motivação, guiando suas escolhas e ações. Esse alinhamento não só proporciona realização pessoal e profissional, mas também atrai oportunidades coerentes com seus valores.

A autoestima também se fortalece ao longo dessa jornada. Ao aceitar suas qualidades e reconhecer aspectos que precisam ser desenvolvidos, você constrói uma relação mais saudável consigo mesmo. Essa autocompaixão aumenta a autoconfiança, permitindo que você enfrente desafios com mais coragem e determinação.

Nos relacionamentos, o autoconhecimento aprimora a forma como você se expressa e se conecta com os outros. Entender suas emoções e reações torna as interações mais autênticas e empáticas. Isso fortalece vínculos e cria ambientes de respeito e compreensão mútua.

Esse processo também promove paz interior. Ao se conectar com suas emoções e pensamentos mais profundos, você desenvolve equilíbrio e harmonia. Esse estado interno facilita o fluxo da abundância, pois você passa a agir com confiança, clareza e propósito.

Para aprofundar o autoconhecimento, algumas ferramentas podem ser extremamente eficazes. A introspecção é uma delas. Reservar momentos de silêncio para observar seus pensamentos e emoções, sem julgamentos, permite identificar padrões que influenciam suas escolhas. Esse exercício diário fortalece a autoconsciência e ajuda a lidar melhor com desafios.

Outra ferramenta poderosa é o journaling. Escrever sobre suas experiências, sentimentos e reflexões ajuda a organizar ideias e identificar padrões comportamentais. Essa prática facilita a liberação de emoções reprimidas e promove clareza mental.

A meditação também desempenha um papel fundamental. Ela acalma a mente, reduz o estresse e aumenta a consciência sobre seus pensamentos e emoções. Esse estado de presença permite identificar e transformar crenças limitantes, criando espaço para novas perspectivas.

Práticas como o yoga integram corpo, mente e espírito, promovendo equilíbrio físico e emocional. As posturas e técnicas de respiração desbloqueiam tensões, favorecendo uma conexão mais profunda consigo mesmo.

A leitura de livros sobre desenvolvimento pessoal, espiritualidade e psicologia amplia sua visão de mundo e oferece ferramentas valiosas para a autotransformação. Esse hábito estimula a reflexão crítica e inspira mudanças positivas.

Buscar feedback sincero de pessoas de confiança também é essencial. Ouvir percepções externas sobre suas atitudes pode revelar pontos fortes e aspectos a serem melhorados, ampliando sua visão sobre si mesmo.

A terapia é um recurso poderoso para explorar emoções, traumas e padrões inconscientes. Com o apoio de um profissional, você pode aprofundar o autoconhecimento, identificar bloqueios emocionais e desenvolver estratégias para superá-los.

Testes de personalidade, como o MBTI e o Eneagrama, são úteis para entender suas características, preferências e comportamentos. Essas ferramentas ajudam a direcionar suas escolhas de maneira mais alinhada com seus talentos e valores.

A análise de sonhos também é uma forma de acessar aspectos profundos da mente. Observar e interpretar os símbolos e narrativas dos sonhos pode revelar emoções reprimidas e conflitos internos.

Por fim, viagens e novas experiências ampliam sua percepção e desafiam suas crenças. Sair da zona de conforto estimula a adaptação e fortalece a autoconfiança.

Desvendar seu mapa interior envolve compreender seus valores, crenças, emoções, talentos e propósito. Identificar seus valores permite alinhar decisões com o que realmente importa para você. Explorar crenças revela pensamentos que impulsionam ou limitam seu crescimento. Reconhecer emoções desenvolve inteligência emocional, melhorando suas reações e relacionamentos. Valorizar talentos fortalece seu impacto positivo no mundo. Descobrir seu propósito dá sentido às suas ações. Identificar pontos fortes potencializa suas habilidades, enquanto trabalhar aspectos a serem desenvolvidos promove evolução.

Essa jornada de autoconhecimento exige paciência e comprometimento. Cada descoberta, seja confortável ou desafiadora, é uma oportunidade de ajuste e crescimento. Celebrar cada avanço fortalece a motivação para continuar evoluindo.

Compreender-se profundamente é um presente que você oferece a si mesmo. Esse conhecimento ilumina o caminho para a realização pessoal e permite que você contribua positivamente para o mundo. Viver alinhado com seus valores, propósitos e talentos inspira outras pessoas a também buscarem sua essência. Assim, o autoconhecimento se torna uma força coletiva de transformação.

O autoconhecimento profundo também exige paciência e persistência. Assim como qualquer processo de crescimento, ele não ocorre de forma instantânea, mas se desenvolve gradualmente à medida que você se permite explorar diferentes aspectos de si mesmo. A cada descoberta, seja ela confortável ou desafiadora, surge a oportunidade de ajustar suas escolhas e comportamentos. Esse caminho, por vezes sinuoso, fortalece a sua capacidade de adaptação e resiliência, preparando-o para lidar com as adversidades com mais segurança e confiança.

Ao integrar o autoconhecimento na sua rotina, você passa a reconhecer a importância de celebrar pequenas conquistas e avanços pessoais. Cada passo dado em direção a uma compreensão mais profunda de quem você é contribui para o fortalecimento de sua autoconfiança e autoestima. Esse reconhecimento constante reforça a motivação para continuar evoluindo e ajustando suas ações de acordo com seus valores e objetivos. Assim, você cria um ciclo positivo de desenvolvimento, no qual cada reflexão e aprendizado impulsionam novas conquistas.

Por fim, compreender-se em profundidade é um presente que você oferece a si mesmo. Esse conhecimento interior não apenas ilumina o caminho para a realização pessoal, mas também permite que você contribua de maneira mais significativa para o mundo ao seu redor. Ao viver em sintonia com seus valores, propósitos e talentos, você inspira outras pessoas a também buscarem sua própria essência. Dessa forma, o autoconhecimento se transforma em uma força coletiva, capaz de gerar mudanças positivas e duradouras na sociedade.

Capítulo 8
Cura Interior

A cura interior é um caminho essencial para liberar-se de bloqueios emocionais e alcançar uma vida plena de abundância e bem-estar. Esse processo envolve a identificação e a transformação de traumas, medos e inseguranças profundamente enraizados, permitindo que emoções reprimidas sejam compreendidas e integradas de forma saudável. Assim como um rio encontra seu fluxo natural ao ser desobstruído, a mente e o coração se harmonizam quando velhas feridas são curadas, criando espaço para o crescimento pessoal, a prosperidade e o equilíbrio emocional. Essa jornada é um convite à reconciliação com o próprio passado, promovendo a aceitação de quem você é e a abertura para novas possibilidades.

Ao iniciar esse processo de cura, é fundamental reconhecer que todas as experiências vividas, inclusive as dolorosas, moldaram quem você se tornou. Cada desafio enfrentado contribuiu para o seu desenvolvimento, e compreender isso é o primeiro passo para a transformação. A partir dessa consciência, torna-se possível liberar padrões negativos e crenças limitantes que sabotam o progresso. A autocompaixão desempenha um papel crucial nesse caminho, pois permite olhar para si mesmo com gentileza, respeitando o tempo necessário para curar as feridas e avançar com confiança. Esse cuidado consigo mesmo fortalece a autoestima e abre espaço para a manifestação de sonhos e objetivos antes bloqueados por inseguranças.

Adotar práticas de autoconhecimento e autocuidado é essencial para consolidar a cura interior. Técnicas como a meditação, a escrita terapêutica e a busca por apoio profissional oferecem ferramentas poderosas para lidar com emoções desafiadoras. Além disso, cultivar hábitos saudáveis, como a prática regular de exercícios físicos, a alimentação equilibrada e momentos de lazer, contribui para o equilíbrio entre corpo e mente. Com o tempo, essa dedicação ao bem-estar promove uma sensação de leveza e liberdade, permitindo que você se conecte com sua verdadeira essência e manifeste uma vida mais rica, significativa e alinhada com seus valores.

A cura interior é como cuidar de um jardim que, por muito tempo, esteve esquecido. Suas raízes podem estar sufocadas por ervas daninhas de traumas, mágoas e crenças limitantes. No entanto, com atenção, cuidado e paciência, esse jardim pode florescer novamente. Da mesma forma, quando você decide enfrentar suas feridas emocionais e liberar padrões que bloqueiam seu crescimento, cria espaço para uma transformação profunda e verdadeira. Esse processo não é instantâneo, mas uma jornada contínua de autocompreensão, aceitação e libertação.

Reconhecer que experiências passadas, especialmente as dolorosas, moldaram quem você é hoje é o primeiro passo para a cura. Traumas, perdas e rejeições deixam marcas profundas que, quando não são tratadas, continuam a influenciar suas decisões, seus relacionamentos e sua capacidade de prosperar. Essas feridas podem se manifestar de diferentes maneiras: como crenças limitantes que restringem suas ações, como comportamentos autossabotadores ou até mesmo como sintomas físicos e emocionais.

As crenças limitantes, muitas vezes inconscientes, funcionam como barreiras invisíveis que impedem a realização de sonhos. Pensamentos recorrentes como *"Eu não sou bom o suficiente"* ou *"Não mereço ser feliz"* enraízam-se no subconsciente e afetam diretamente suas escolhas. Questionar a origem dessas crenças e substituí-las por pensamentos positivos e construtivos é essencial para libertar-se dessas amarras.

Comportamentos autodestrutivos, como procrastinação, vícios ou o envolvimento em relacionamentos tóxicos, também são reflexos de feridas emocionais não curadas. Essas atitudes surgem como mecanismos inconscientes de proteção contra a dor, mas acabam impedindo o crescimento e a evolução. Romper com esses padrões exige coragem, autoconhecimento e a adoção de hábitos saudáveis que promovam o bem-estar.

Além disso, emoções reprimidas podem se manifestar no corpo, resultando em doenças físicas e transtornos emocionais, como ansiedade, depressão e dores crônicas. O corpo é um reflexo do estado emocional interno, e ignorar esses sinais pode agravar o sofrimento. Práticas que promovem o equilíbrio emocional e físico são fundamentais para dissolver esses bloqueios.

Dificuldades em manifestar desejos e objetivos muitas vezes têm origem em bloqueios emocionais profundos. Mesmo com esforço e dedicação, a sensação de estagnação pode persistir. Isso ocorre porque crenças negativas e padrões emocionais criam resistência ao fluxo da abundância. A cura dessas feridas libera a energia necessária para que pensamentos, emoções e ações estejam em harmonia, facilitando a realização plena.

Iniciar o processo de cura interior exige reconhecer e acolher as próprias dores. Esse é um gesto de coragem e amor-próprio. Em vez de evitar emoções difíceis, permita-se sentir e compreender o que elas querem revelar. Escrever sobre suas experiências, praticar a meditação ou conversar com alguém de confiança são maneiras eficazes de acessar e processar emoções reprimidas.

Buscar apoio terapêutico é uma ferramenta poderosa nessa jornada. Profissionais capacitados podem ajudar a explorar as raízes dos traumas e oferecer estratégias para superá-los. Terapias como a cognitivo-comportamental, análise junguiana e terapias integrativas são recursos que favorecem a compreensão e a ressignificação de experiências dolorosas.

Técnicas de liberação emocional, como o *EFT (Emotional Freedom Techniques)*, o *Ho'oponopono* e a *Constelação Familiar*, são métodos eficazes para acessar e dissolver emoções negativas profundamente enraizadas. Essas práticas ajudam a processar sentimentos reprimidos e a ressignificar experiências, promovendo leveza emocional e clareza mental.

    A meditação é uma prática que fortalece a conexão consigo mesmo e acalma a mente. Ela permite observar os próprios pensamentos e emoções sem julgamento, criando espaço para autocompaixão e aceitação. Técnicas de mindfulness, meditações guiadas e visualizações criativas são caminhos que aliviam o estresse e desbloqueiam emoções.

    O yoga também é uma ferramenta poderosa de cura. Ele integra corpo, mente e espírito, promovendo equilíbrio e harmonia. Os movimentos conscientes e a respiração controlada ajudam a liberar tensões físicas e emocionais, desbloqueando a energia vital do corpo. Essa prática fortalece a conexão interna e promove disciplina, foco e serenidade.

    O perdão é um dos pilares mais importantes da cura interior. Perdoar a si mesmo e aos outros não significa justificar atitudes negativas, mas liberar-se do peso emocional que impede o avanço. Práticas de reflexão, cartas de perdão (mesmo que não sejam enviadas) e meditações específicas ajudam a dissolver ressentimentos, trazendo paz e leveza.

    Reconectar-se com a própria criança interior é um passo essencial. Muitas das feridas emocionais mais profundas têm origem na infância. Acolher essa parte de si com amor e compaixão permite curar memórias dolorosas e recuperar a alegria, a espontaneidade e a criatividade. Visualizar momentos felizes, escrever cartas para a criança que você foi ou realizar atividades prazerosas são formas de fortalecer essa conexão.

    Liberar a culpa e a vergonha é outro passo fundamental. Essas emoções pesadas paralisam e mantêm você preso ao passado. Aceitar que os erros fazem parte do processo de aprendizado e que você fez o melhor que pôde com os recursos emocionais que tinha no momento é essencial. Práticas de perdão e afirmações positivas ajudam a dissolver esses sentimentos.

    A autocompaixão é uma prática constante de gentileza e compreensão consigo mesmo. Substituir a autocrítica por pensamentos amorosos fortalece a autoestima e cria um ambiente interno seguro para crescer. Mindfulness, afirmações diárias e momentos de autocuidado são práticas que cultivam essa relação saudável com você mesmo.

Celebrar cada conquista, por menor que seja, reforça o caminho da cura interior. Valorizar avanços diários, como superar um medo ou manter uma rotina saudável, fortalece a autoconfiança e cria um ciclo positivo de evolução. Manter um diário de gratidão, compartilhar vitórias ou recompensar-se por objetivos alcançados são formas de reconhecer o próprio progresso.

Essa jornada de cura interior exige paciência, comprometimento e coragem. Cada passo, por menor que pareça, contribui para a libertação de padrões antigos e para a construção de uma nova realidade. A transformação não acontece de forma linear, e momentos de desconforto podem surgir, mas são justamente nesses momentos que a resiliência e a autocompaixão se tornam essenciais.

À medida que você avança nesse caminho, perceberá mudanças sutis e profundas em sua vida. As emoções fluem com mais leveza, os pensamentos tornam-se mais positivos e as ações mais alinhadas com seus valores. Esse equilíbrio interno reflete-se no mundo exterior, abrindo portas para novas oportunidades e experiências que antes pareciam inalcançáveis.

Ao cuidar do seu jardim interior, você permite que a abundância, a alegria e a paz floresçam. A cura interior não é apenas um processo de superação, mas um caminho de reconciliação com quem você é. Com o coração leve e a mente clara, você se torna capaz de viver com mais autenticidade, liberdade e plenitude.

Essa transformação pessoal não impacta apenas você, mas também todos ao seu redor. Quando você cura suas feridas e vive em harmonia consigo mesmo, inspira outras pessoas a também buscarem seu próprio processo de cura e crescimento. Assim, a cura interior se expande e cria ondas de mudança positiva, contribuindo para um mundo mais equilibrado e compassivo.

Permita-se viver essa jornada com coragem e gentileza. Ao cuidar de si mesmo com amor e paciência, você descobrirá que é possível florescer em todas as áreas da vida, tornando-se uma versão mais forte, leve e autêntica de si mesmo.

Com o aprofundamento na jornada de cura interior, torna-se evidente que a verdadeira transformação exige um compromisso contínuo com o autoconhecimento e a prática constante de hábitos saudáveis. Cada pequena mudança, quando integrada com intenção e consciência, fortalece a base emocional e mental, permitindo que você se liberte de padrões antigos e abrace novas perspectivas. Ao reconhecer seus limites e celebrar suas vitórias, mesmo as mais sutis, você constrói um caminho sólido rumo ao equilíbrio e à realização pessoal, criando um ambiente interno propício para florescer plenamente.

Esse processo de cura não é linear e pode apresentar desafios, mas é justamente nesses momentos que a resiliência e a autocompaixão se mostram essenciais. Ao enfrentar as dificuldades com paciência e coragem, você desenvolve uma força interior capaz de sustentar mudanças profundas e duradouras. Permitir-se sentir, aprender e crescer com cada experiência amplia sua capacidade de lidar com adversidades, promovendo uma relação mais harmoniosa consigo mesmo e com o mundo ao seu redor.

Ao integrar esses ensinamentos na sua rotina diária, você perceberá que a cura interior é um movimento constante de reconciliação e renovação. Com o coração mais leve e a mente clara, novas oportunidades surgem naturalmente, refletindo a abundância que já existe dentro de você. Assim, a jornada de cura se transforma em um caminho de autenticidade, onde cada passo dado é uma expressão de amor-próprio, liberdade e realização plena.

Capítulo 9
Mentalidade de Abundância

Adotar uma mentalidade de abundância significa reconhecer que o mundo está repleto de oportunidades, recursos e possibilidades para todos. Esse pensamento não se baseia em ilusões ou suposições, mas em uma compreensão concreta de que há espaço para crescimento, sucesso e felicidade em diversas áreas da vida. Quando você se posiciona com confiança diante das circunstâncias, percebe que é possível alcançar seus objetivos sem a necessidade de competir ou temer a escassez. Essa perspectiva fortalece a autoconfiança, incentiva o otimismo e permite valorizar cada conquista, grande ou pequena, como parte de um fluxo contínuo de prosperidade.

Com essa visão ampliada, torna-se natural agir com gratidão e generosidade, reconhecendo que compartilhar recursos, conhecimento e tempo não diminui o que você possui, mas potencializa o retorno positivo. A mentalidade de abundância conduz a uma postura colaborativa, onde o sucesso alheio inspira e motiva, em vez de provocar sentimentos de ameaça ou comparação. Isso cria um ambiente favorável para o crescimento pessoal e coletivo, no qual relações saudáveis e oportunidades genuínas florescem. Ao abraçar essa mentalidade, você aprende a enfrentar desafios como oportunidades de evolução e entende que o universo está em constante movimento, pronto para apoiar quem acredita em seu próprio potencial.

Esse caminho para a abundância envolve ações conscientes, como o desenvolvimento contínuo de habilidades, a prática da gratidão e a confiança no fluxo natural da vida. Cada atitude tomada nesse sentido fortalece a percepção de que os recursos são ilimitados quando se está disposto a aprender, adaptar-se e colaborar. Assim, a abundância se manifesta não apenas em aspectos materiais, mas também em relacionamentos, saúde, bem-estar emocional e realização pessoal, criando uma existência equilibrada e plena.

Imagine-se entrando em um grande salão iluminado por candelabros dourados, onde longas mesas estão elegantemente dispostas, repletas de pratos coloridos e bebidas cintilantes. As travessas transbordam com iguarias de todas as partes do mundo, cada uma exalando aromas tentadores. Frutas frescas, pães recém-assados, queijos finos e sobremesas delicadamente decoradas compõem o cenário. Os convidados circulam entre as mesas com sorrisos sinceros, servindo-se generosamente, enquanto compartilham histórias e risadas. Nesse ambiente, ninguém se preocupa em pegar mais comida ou se a melhor fatia será levada por outra pessoa. Todos têm plena certeza de que há mais do que o suficiente para todos, e que, ao compartilhar, a experiência se torna ainda mais prazerosa. Assim é a mentalidade de abundância: uma confiança tranquila de que há espaço e recursos para todos prosperarem.

Agora, contraste esse cenário com um ambiente escuro e silencioso, onde uma pequena mesa carrega poucos pratos, quase vazios. Os convidados olham desconfiados uns para os outros, temendo que, se não agirem rapidamente, ficarão sem alimento. Cada movimento é calculado, cada gesto é defensivo. Essa é a essência da mentalidade de escassez — uma visão limitada e ansiosa de que os recursos são insuficientes, forçando as pessoas a competir e proteger o pouco que acreditam ter. Esse medo constante de perder ou não alcançar o que desejam impede a generosidade e bloqueia oportunidades de crescimento.

Enquanto a mentalidade de escassez distorce a percepção da realidade, criando a ilusão de que o sucesso pertence a poucos e que qualquer conquista alheia diminui as próprias chances, a mentalidade de abundância liberta desse ciclo. Ela abre os olhos para a vastidão de possibilidades que o mundo oferece. O sucesso de outra pessoa deixa de ser uma ameaça e passa a ser uma fonte de inspiração. Surge a gratidão sincera pelo que já se tem e a confiança de que o universo está sempre pronto para prover aquilo que é necessário para concretizar sonhos. Essa transição de perspectiva transforma não apenas a forma como os desafios são enfrentados, mas também a maneira como se interage com o mundo e com as pessoas ao redor.

Adotar essa nova mentalidade envolve cultivar hábitos que reforçam essa visão generosa e expansiva. A prática da gratidão, por exemplo, torna-se uma ferramenta poderosa. Quando se dedica tempo para refletir sobre cada conquista, por menor que seja, cria-se uma base sólida de contentamento que amplia a percepção de abundância. Esse exercício constante de reconhecimento fortalece a ideia de que a vida já é rica e plena, permitindo que mais prosperidade flua naturalmente.

Além disso, agir com generosidade passa a ser algo natural. Compartilhar não se limita a bens materiais, mas envolve tempo, conhecimento e apoio emocional. Ao oferecer ajuda sem esperar nada em troca, percebe-se que essa troca genuína gera benefícios mútuos. A energia positiva retornada alimenta um ciclo contínuo de crescimento e bem-estar. O simples ato de ouvir alguém com atenção ou oferecer uma palavra de incentivo pode ser tão valioso quanto qualquer presente material.

Manter o otimismo diante das adversidades é outra característica fundamental dessa mentalidade. Obstáculos deixam de ser vistos como barreiras intransponíveis e passam a ser encarados como lições valiosas. Esse olhar esperançoso faz com que cada desafio se transforme em uma oportunidade de aprendizado. A confiança nas próprias habilidades é reforçada, permitindo enfrentar situações difíceis com coragem e determinação. A autoconfiança se solidifica ao perceber que cada passo dado, mesmo diante de dificuldades, aproxima ainda mais dos objetivos traçados.

O poder da colaboração também se destaca. Compreender que o trabalho em conjunto potencializa resultados é essencial. Quando ideias, experiências e recursos são compartilhados, surgem soluções inovadoras e caminhos mais eficazes para alcançar metas. Parcerias sinceras criam um ambiente de apoio mútuo, onde todos se beneficiam e evoluem juntos. Essa cooperação constante abre portas para oportunidades que dificilmente seriam alcançadas de forma isolada.

A busca constante por crescimento pessoal e profissional é outra atitude fundamental. Investir no desenvolvimento de novas habilidades e no aprimoramento contínuo permite identificar novas possibilidades e adaptar-se com facilidade a mudanças. Essa flexibilidade diante de desafios é um diferencial. Em vez de resistir ao inesperado, quem cultiva a mentalidade de abundância encara as mudanças como chances valiosas de evolução, ajustando o caminho sempre que necessário.

Manter uma visão de longo prazo também é essencial. Ter clareza sobre os objetivos maiores orienta as decisões diárias, tornando-as mais conscientes e estratégicas. Isso evita distrações com resultados imediatos e mantém o foco no que realmente importa. Essa perspectiva de futuro proporciona serenidade e paciência, permitindo que as conquistas aconteçam de forma natural e sustentável.

Para nutrir essa mentalidade de abundância, é preciso incorporar práticas diárias que reforcem essa visão. Reservar momentos para refletir sobre as próprias conquistas, sejam elas grandes ou pequenas, cria uma conexão mais profunda com o presente. Escrever em um diário ou verbalizar gratidões ajuda a consolidar essa percepção positiva. Além disso, a generosidade pode ser cultivada por meio de gestos simples, como oferecer apoio a quem precisa ou dedicar tempo a causas sociais. Cada ato de bondade contribui para fortalecer o ciclo de prosperidade.

Afirmações positivas são outra ferramenta poderosa. Repetir frases como "Eu sou merecedor de prosperidade ilimitada" ou "A abundância flui naturalmente para mim" reforça crenças que sustentam esse modo de pensar. Essas palavras têm o poder de reprogramar padrões mentais e fortalecer a confiança no fluxo constante de oportunidades.

Visualizar com detalhes vívidos o sucesso desejado também tem grande impacto. Imaginar-se alcançando metas, sentindo as emoções positivas associadas a essas conquistas, alinha o subconsciente com as ações necessárias para tornar esses sonhos realidade. Essa prática cria um estado mental propício para atrair as circunstâncias desejadas.

Cercar-se de pessoas positivas é igualmente importante. Convivendo com indivíduos que compartilham uma visão otimista e celebram o sucesso alheio, torna-se mais fácil manter hábitos saudáveis e uma mentalidade expansiva. Ao mesmo tempo, é essencial limitar a exposição a fontes de negatividade. Filtrar conteúdos e ambientes que drenam energia ajuda a preservar o equilíbrio emocional e mental.

Por fim, celebrar as conquistas dos outros com sinceridade transforma a forma como o sucesso é encarado. Ao admirar o progresso alheio, aprende-se que há espaço para todos prosperarem. Esse reconhecimento sincero reforça a ideia de que o sucesso é abundante e acessível a todos.

Essas práticas, quando integradas ao cotidiano, criam uma base sólida para viver com mais leveza e plenitude. A mentalidade de abundância permite enxergar a vida como um campo fértil de oportunidades, onde o crescimento é contínuo e as possibilidades são infinitas. Assim, cada passo dado torna-se parte de uma jornada rica em significado, marcada por prosperidade, conexões genuínas e realizações pessoais.

Confie no fluxo da vida: Cultive uma confiança inabalável de que tudo acontece no tempo certo e que o universo trabalha a seu favor. Aceite que nem tudo está sob seu controle, mas que cada experiência contribui para seu crescimento. Essa fé no processo natural da vida traz leveza, reduz a ansiedade e permite que a abundância se manifeste com fluidez.

Ao integrar a mentalidade de abundância no cotidiano, percebe-se que a verdadeira riqueza vai além do material. As experiências vividas, os relacionamentos construídos e os aprendizados adquiridos formam um patrimônio imensurável. Esse entendimento permite que cada desafio seja encarado com resiliência e criatividade, pois a confiança no fluxo constante de oportunidades traz serenidade mesmo diante das adversidades. Assim, a busca pelo crescimento deixa de ser uma corrida desesperada e se transforma em uma jornada prazerosa de autodescoberta e realização.

A mentalidade de abundância também promove uma mudança significativa na forma como se lida com o tempo. Ao perceber que há espaço para tudo que é essencial, torna-se mais fácil equilibrar compromissos e momentos de descanso. Esse equilíbrio reflete diretamente na qualidade de vida, permitindo que metas sejam alcançadas de forma mais leve e sustentável. A valorização do presente, sem pressa pelo futuro ou apego ao passado, fortalece a capacidade de viver plenamente cada instante.

Capítulo 10
Linguagem Positiva

A linguagem exerce influência direta sobre a forma como você percebe e interage com o mundo, sendo uma ferramenta fundamental para a construção de uma realidade mais próspera e harmoniosa. As palavras escolhidas diariamente têm o poder de moldar pensamentos, sentimentos e comportamentos, impactando tanto a maneira como você se relaciona consigo mesmo quanto com as pessoas ao seu redor. Ao adotar uma comunicação positiva, você fortalece sua mente com pensamentos construtivos, promovendo atitudes mais assertivas e produtivas. Essa mudança no vocabulário não apenas modifica a percepção de desafios, mas também impulsiona a autoconfiança e a capacidade de encontrar soluções criativas. O uso consciente de palavras edificantes cria uma base sólida para transformar obstáculos em oportunidades e potencializar resultados positivos em diversas áreas da vida.

Além de fortalecer a mentalidade, a linguagem positiva ajusta sua frequência energética, aproximando você de sentimentos como gratidão, entusiasmo e otimismo. Essa elevação vibracional facilita a atração de situações favoráveis, pessoas alinhadas com seus objetivos e oportunidades que contribuem para o crescimento pessoal e profissional. Ao expressar palavras que refletem confiança e esperança, você se conecta com um fluxo contínuo de prosperidade e bem-estar. Esse alinhamento energético se reflete não apenas nas conquistas individuais, mas também na construção de relacionamentos mais saudáveis, pautados pelo respeito, empatia e colaboração. A comunicação positiva, portanto, se torna um instrumento poderoso para criar ambientes harmoniosos e fortalecer vínculos interpessoais, promovendo o desenvolvimento mútuo e abrindo portas para novas possibilidades.

Ao incorporar palavras motivadoras e encorajadoras em seus diálogos internos e externos, você estimula uma percepção mais ampla de si mesmo e do mundo. Esse hábito transforma a forma como você interpreta desafios, ajudando a identificar soluções e a manter o foco nos resultados desejados. A linguagem positiva atua como um catalisador para o desenvolvimento pessoal, reforçando a autoestima, alimentando a determinação e ampliando a clareza de propósito. Com essa base fortalecida, torna-se mais fácil enfrentar adversidades, estabelecer metas claras e seguir com confiança em direção à realização de sonhos. Esse processo contínuo de autotransformação permite que você construa uma realidade mais próspera, plena e alinhada com seus valores e objetivos.

Imagine-se pintor utilizando cores vibrantes e alegres para criar uma obra de arte. As cores que ele escolhe transmitem emoções, criam atmosferas e influenciam a percepção do observador. Da mesma forma, as palavras que você utiliza pintam o quadro da sua realidade, colorindo suas experiências e atraindo para sua vida aquilo que você expressa.

Imagine-se diante de um vasto jardim, onde cada palavra que você pronuncia é como uma semente lançada ao solo. Palavras gentis e encorajadoras florescem em belas árvores e flores vibrantes, enquanto palavras negativas podem gerar espinhos ou espaços áridos. Assim como um jardineiro escolhe cuidadosamente as sementes que planta, a forma como você utiliza a linguagem tem o poder de nutrir ou limitar o crescimento da sua própria vida. Cada expressão positiva cultiva um ambiente fértil para o florescimento de oportunidades, relacionamentos saudáveis e bem-estar emocional.

A linguagem positiva, portanto, não é apenas uma forma de comunicação, mas um instrumento poderoso para transformar realidades. Ao substituir palavras de dúvida e limitação por afirmações de confiança e otimismo, você começa a reprogramar sua mente subconsciente. Esse processo silencioso, mas profundo, substitui crenças limitantes por pensamentos construtivos, criando uma base sólida para atitudes mais proativas. Essa mudança interior impulsiona a autoconfiança e fortalece a capacidade de agir com determinação, tornando-se um pilar para a realização de sonhos.

Mais do que um impacto interno, a linguagem positiva também influencia diretamente a energia que você emite. Palavras de gratidão, alegria e esperança elevam sua frequência vibracional, alinhando você com situações, pessoas e oportunidades que vibram na mesma sintonia. Esse fluxo energético cria uma rede de conexões que facilita o caminho para a prosperidade. Ao expressar otimismo, você não só atrai circunstâncias favoráveis, mas também inspira aqueles ao seu redor a adotarem uma postura mais construtiva.

Os reflexos dessa prática são visíveis nos relacionamentos interpessoais. Uma comunicação pautada em respeito e gentileza fortalece laços e promove empatia. Palavras de incentivo e reconhecimento criam ambientes de confiança e colaboração, onde ideias fluem livremente e os vínculos se aprofundam. Em ambientes profissionais, esse clima positivo favorece o trabalho em equipe e impulsiona a produtividade. Em casa, gera harmonia e compreensão mútua. Assim, o poder da palavra se estende além do indivíduo, alcançando todos com quem ele se conecta.

Esse impacto positivo se manifesta também na maneira como você enfrenta desafios. Ao cultivar uma linguagem otimista, dificuldades deixam de ser vistas como barreiras intransponíveis e passam a ser reconhecidas como desafios superáveis. A substituição de termos como "problema" por "desafio" ou "fracasso" por "aprendizado" reestrutura a forma de encarar situações adversas. Essa simples mudança de perspectiva abre espaço para soluções criativas e uma postura resiliente diante das dificuldades.

Construir uma linguagem positiva exige atenção e prática constante. Observar atentamente os diálogos internos é o primeiro passo. Muitas vezes, autocríticas e pensamentos limitantes surgem de forma automática, influenciando ações e decisões. Ao identificar esses padrões, é possível interrompê-los e substituí-los por expressões mais encorajadoras. Dizer "eu não consigo" pode ser transformado em "eu estou aprendendo", e "isso é difícil" em "isso é desafiador". Esse ajuste no vocabulário interno fortalece a autoconfiança e cria um espaço mental mais propício ao crescimento.

As afirmações positivas desempenham papel fundamental nesse processo. Frases como "eu sou capaz", "eu mereço prosperidade" ou "a cada dia estou mais perto dos meus objetivos" funcionam como âncoras para uma mentalidade de abundância. Repeti-las com intenção reforça a crença de que é possível superar obstáculos e alcançar metas. Com o tempo, essas afirmações se integram naturalmente ao pensamento cotidiano, influenciando decisões e comportamentos.

Outra prática poderosa é escolher palavras que inspirem. Incorporar termos como "crescimento", "superação" e "realização" no vocabulário diário estimula emoções positivas e fortalece a motivação. Essa seleção cuidadosa de palavras não só eleva o estado emocional, mas também cria um ambiente interno favorável ao alcance de objetivos. Paralelamente, eliminar palavras negativas e limitantes contribui para manter esse fluxo positivo. Substituir "nunca" por "ainda não" e "impossível" por "desafiador" amplia horizontes e incentiva a busca por soluções.

Expressar gratidão é outro elemento essencial na construção de uma linguagem positiva. Agradecer pelas conquistas, pelas experiências e até pelos desafios fortalece a percepção de abundância. Esse hábito cria um ciclo virtuoso: quanto mais você reconhece e valoriza o que tem, mais motivos encontra para agradecer. Esse sentimento genuíno de gratidão atrai novas oportunidades e fortalece a conexão com o presente.

Além de cuidar das palavras direcionadas a si mesmo, é importante também espalhar positividade ao seu redor. Elogiar sinceramente, oferecer palavras de apoio e incentivar as pessoas cria um ambiente acolhedor e estimulante. Pequenos gestos, como reconhecer o esforço de alguém ou celebrar suas conquistas, têm o poder de fortalecer laços e inspirar mudanças positivas. Esse comportamento gera um efeito multiplicador, incentivando outros a também adotar uma comunicação mais construtiva.

A clareza e a assertividade na comunicação também são fundamentais. Expressar ideias e sentimentos de forma objetiva, respeitosa e segura evita mal-entendidos e fortalece relacionamentos. Esse equilíbrio entre firmeza e empatia permite estabelecer limites saudáveis e construir conexões autênticas. A comunicação assertiva abre espaço para diálogos produtivos e relações baseadas em confiança mútua.

Evitar reclamações e fofocas é igualmente importante. Participar de conversas construtivas e enriquecedoras preserva a energia pessoal e contribui para um ambiente mais leve e positivo. Escolher conscientemente interações que tragam aprendizado e inspiração fortalece a mentalidade positiva e favorece o crescimento.

Por fim, alimentar a mente com conteúdos edificantes completa esse processo. Ler livros motivadores, assistir a filmes inspiradores e buscar conhecimento que expanda a visão de mundo são formas de nutrir a mente com ideias que estimulam o crescimento. Esse hábito constante amplia perspectivas, traz novas ideias e reforça a conexão com emoções elevadas.

Ao integrar a linguagem positiva na rotina, você não apenas transforma a forma como pensa e age, mas também cria um impacto positivo duradouro no ambiente ao seu redor. Cada palavra consciente é uma semente que floresce em atitudes, decisões e resultados. Esse poder silencioso molda comportamentos, inspira mudanças e fortalece relacionamentos. Assim, você se torna não apenas protagonista da sua própria história, mas também um agente de transformação no mundo.

Com o tempo, essa prática se consolida como um hábito natural, influenciando todas as áreas da vida. A comunicação positiva passa a ser reflexo de uma mentalidade fortalecida, capaz de enfrentar desafios com resiliência e buscar oportunidades com entusiasmo. A consciência do poder das palavras permite construir uma trajetória de conquistas autênticas, relações profundas e uma vida alinhada com seus valores.

Assim, ao escolher suas palavras com intenção e propósito, você assume o controle da sua narrativa pessoal. Cada frase dita com confiança e positividade contribui para a construção de uma realidade mais leve, plena e abundante. A verdadeira transformação começa quando você compreende que a forma como se comunica tem o poder de criar, fortalecer e expandir tudo o que deseja viver.

Ao integrar a linguagem positiva em sua rotina, você não apenas transforma sua mentalidade, mas também influencia o ambiente ao seu redor de maneira significativa. Cada palavra escolhida com intenção carrega consigo a força de gerar impacto, moldando comportamentos e inspirando aqueles com quem você interage. Esse poder sutil, porém profundo, amplia sua capacidade de liderar pelo exemplo, criando uma rede de influência positiva que reverbera em todas as esferas da sua vida. Assim, a comunicação torna-se um canal de conexão genuína, capaz de estimular crescimento coletivo e fortalecer vínculos baseados no respeito e na empatia.

Com o tempo, a prática constante da linguagem positiva se consolida como um pilar essencial para o equilíbrio emocional e o bem-estar. Esse hábito permite ressignificar experiências passadas e encarar o presente com mais leveza e clareza, cultivando resiliência diante dos desafios. Ao substituir pensamentos autolimitantes por afirmações encorajadoras, você ativa seu potencial criativo e encontra motivação para seguir em frente com propósito. Essa transformação silenciosa, mas consistente, reflete-se nas suas ações diárias, tornando a jornada mais gratificante e cheia de significado.

Ao compreender que cada palavra tem o poder de criar ou limitar, você assume o controle da sua narrativa pessoal. A partir dessa consciência, a comunicação positiva deixa de ser apenas uma escolha e se torna uma expressão natural da sua essência. Assim, você constrói uma trajetória marcada por conquistas autênticas, relacionamentos enriquecedores e uma vida alinhada com seus valores mais profundos. Esse caminho de evolução contínua revela que a verdadeira abundância nasce da forma como escolhemos nos comunicar com o mundo e, principalmente, conosco mesmos.

Capítulo 11
Limpeza Energética

A limpeza energética é uma prática essencial para manter o equilíbrio do corpo, mente e espírito, promovendo bem-estar e harmonia em todos os aspectos da vida. Assim como é fundamental cuidar da higiene física e do ambiente em que vivemos, é igualmente necessário zelar pela pureza de nossa energia. Ao remover cargas negativas e bloqueios acumulados ao longo do tempo, cria-se um fluxo contínuo de energia vital que favorece a saúde, a prosperidade e a felicidade. Esse processo permite que a energia circule livremente, elevando a vibração pessoal e abrindo espaço para novas oportunidades e experiências positivas.

A acumulação de energias densas e estagnadas pode impactar diretamente o equilíbrio emocional, mental e físico, influenciando a forma como enfrentamos desafios diários e interagimos com o mundo ao nosso redor. Práticas regulares de purificação energética contribuem para restaurar o bem-estar, revitalizar a disposição e fortalecer a conexão com o propósito de vida. Métodos como banhos energéticos, meditação, uso de cristais e defumações são ferramentas eficazes para dissolver bloqueios, limpar o campo vibracional e reestabelecer o fluxo natural da energia vital.

Manter a energia limpa e equilibrada não só fortalece o corpo e a mente, mas também potencializa a capacidade de atrair abundância, saúde e relacionamentos harmoniosos. A partir de uma rotina consistente de cuidados energéticos, é possível perceber transformações significativas na qualidade de vida, nas emoções e nos pensamentos. Ao integrar essas práticas ao dia a dia, criamos um ambiente interno e externo mais leve e positivo, favorecendo o crescimento pessoal e espiritual.

Imagine um rio cristalino, cujas águas fluem livremente, refletindo a luz do sol em sua superfície. Esse rio, no entanto, pode, com o tempo, acumular folhas secas, galhos quebrados e outros detritos que interrompem seu fluxo natural. A água, antes límpida e cheia de vida, torna-se turva e pesada. Assim como esse rio, nossa energia também pode ser afetada por bloqueios e impurezas que se acumulam ao longo do tempo. A limpeza energética surge como uma maneira de remover esses obstáculos invisíveis, permitindo que a energia vital volte a fluir com força, clareza e vitalidade.

Nossas interações diárias com ambientes, pessoas e situações nos expõem constantemente a diferentes tipos de energia. Absorvemos não apenas vibrações positivas, mas também aquelas mais densas e carregadas. Discussões, ambientes desorganizados, pensamentos negativos e emoções reprimidas são fontes comuns de acúmulo energético. Quando essa carga negativa não é devidamente liberada, pode se manifestar em cansaço extremo, irritabilidade, dificuldades nos relacionamentos e até mesmo em bloqueios que impedem o fluxo natural de abundância em nossas vidas.

A limpeza energética atua profundamente nesses aspectos, promovendo uma verdadeira renovação em vários níveis. No plano físico, práticas como banhos energéticos e massagens com óleos essenciais dissipam tensões acumuladas no corpo, aliviando dores inexplicáveis e restaurando a disposição. No campo emocional, técnicas de meditação, o uso de cristais e a prática de yoga são eficazes para liberar emoções reprimidas, como tristeza, raiva e medo, trazendo leveza e clareza emocional. No nível mental, métodos como afirmações positivas e visualizações criativas auxiliam na dissolução de pensamentos negativos e padrões repetitivos, abrindo espaço para novas ideias e ações mais assertivas. Já no aspecto espiritual, rituais de oração, conexão com a natureza e terapias energéticas, como o Reiki, fortalecem a ligação com o propósito de vida e elevam a vibração pessoal, favorecendo a manifestação de prosperidade e bem-estar.

Os sinais de que é preciso realizar uma limpeza energética são variados e, muitas vezes, sutis. O cansaço excessivo, mesmo após o descanso, pode ser um indicativo claro de que há uma sobrecarga energética impedindo o fluxo natural de vitalidade. Dores físicas sem causa aparente, insônia, ansiedade e irritabilidade são outros sinais de alerta. Além disso, dificuldades persistentes em áreas como finanças, relacionamentos e saúde também podem ser reflexo de bloqueios energéticos que precisam ser dissolvidos. Reconhecer esses sinais é fundamental para iniciar o processo de purificação e reconectar-se com o fluxo natural da vida.

Entre os métodos mais eficazes de limpeza energética estão os banhos com ervas e sal grosso, que atuam como poderosos purificadores. O contato com elementos naturais, como a água do mar ou a terra, também tem um efeito restaurador, ajudando a descarregar energias densas. A defumação com ervas como sálvia, arruda e alecrim limpa não apenas o campo energético pessoal, mas também os ambientes, criando uma atmosfera mais leve e acolhedora. O uso de cristais, como a turmalina negra para proteção e a ametista para transmutação de energias negativas, é outra prática valiosa. Esses cristais absorvem e equilibram as vibrações ao nosso redor, promovendo harmonia e bem-estar.

A meditação é uma ferramenta poderosa para acalmar a mente e liberar tensões emocionais. Técnicas de visualização, como imaginar uma luz dourada ou violeta envolvendo o corpo e dissolvendo bloqueios, são eficazes para restaurar o equilíbrio energético. Práticas espirituais, como a oração sincera, ajudam a criar um campo de proteção e atraem paz interior. O Reiki, terapia que canaliza energia universal por meio das mãos, atua diretamente no desbloqueio de pontos energéticos, promovendo relaxamento profundo e equilíbrio integral.

Integrar esses métodos de limpeza energética à rotina traz benefícios que vão além do alívio imediato. Com a prática constante, é possível perceber uma melhora significativa na qualidade de vida, nos relacionamentos e na clareza mental. A energia flui com mais leveza, favorecendo a tomada de decisões mais conscientes e a criação de um ambiente interno propício para o crescimento pessoal e espiritual. Esse estado de equilíbrio facilita o alcance de metas e a realização de sonhos, pois remove barreiras invisíveis que antes bloqueavam o caminho.

Além das práticas de limpeza, manter a energia elevada requer cuidados diários. Cultivar pensamentos positivos é essencial para preservar o campo energético limpo e protegido. Evitar reclamações, fofocas e críticas excessivas impede a criação de bloqueios desnecessários. Praticar gratidão diariamente amplia a percepção de abundância, reforçando uma vibração elevada. Cercar-se de pessoas positivas e inspiradoras também contribui para a manutenção de uma energia leve e fluida.

O cuidado com o corpo físico, por meio de uma alimentação equilibrada e de atividades físicas regulares, também é fundamental. Alimentos frescos e naturais, ricos em nutrientes, fortalecem a energia vital. Exercícios físicos ajudam a liberar tensões acumuladas e estimulam o fluxo energético. Manter o ambiente limpo, organizado e bem ventilado é outra prática importante. Espaços desorganizados acumulam energia estagnada, enquanto ambientes leves e harmônicos favorecem a circulação de boas energias.

Aromaterapia é uma excelente aliada nesse processo. Óleos essenciais de lavanda, alecrim, eucalipto e laranja-doce possuem propriedades que limpam e energizam o ambiente e a aura pessoal. Difusores, sprays ou algumas gotas no travesseiro podem transformar o clima do espaço, promovendo relaxamento e foco.

Incorporar práticas como a escuta de mantras ou músicas de frequência elevada também auxilia na elevação vibracional. Sons sagrados atuam diretamente na harmonização dos chakras, equilibrando corpo, mente e espírito. Caminhar na natureza, sentir o vento, tocar a terra ou simplesmente contemplar a beleza natural são formas simples e eficazes de renovar a energia.

Quando a energia está limpa e fluindo livremente, as relações interpessoais também se transformam. A leveza interna se reflete na forma como nos comunicamos, tornando os diálogos mais claros e respeitosos. Laços afetivos se fortalecem, conflitos são resolvidos com mais facilidade e novas conexões, mais alinhadas com nossos valores, surgem naturalmente. Esse equilíbrio facilita a criação de relacionamentos autênticos e harmoniosos, pautados pela empatia e compreensão mútua.

Por fim, a limpeza energética é um convite para viver com mais leveza, clareza e propósito. Cada prática realizada com intenção fortalece a conexão com a própria essência e abre espaço para experiências enriquecedoras. Com a energia fluindo de forma equilibrada, torna-se mais fácil lidar com desafios, reconhecer oportunidades e trilhar um caminho de realização pessoal e espiritual. Assim como um rio que volta a correr livremente após ser desobstruído, a vida se torna mais abundante e plena quando cuidamos de nossa energia com atenção e carinho.

Ao adotar práticas de limpeza energética de forma consistente, criamos um ciclo de renovação contínua que impacta positivamente todos os aspectos da vida. Esse cuidado não apenas elimina bloqueios e energias densas, mas também fortalece a conexão com o presente, permitindo uma percepção mais clara das oportunidades ao nosso redor. Assim, a energia flui com leveza, favorecendo escolhas mais conscientes e atitudes alinhadas com nossos propósitos. Esse fluxo harmonioso nos impulsiona a agir com confiança, criando um caminho mais fluido para alcançar metas e realizar sonhos.

A transformação proporcionada pela limpeza energética se reflete também na forma como nos relacionamos com o mundo. As conexões interpessoais tornam-se mais autênticas e equilibradas, pois a energia renovada atrai pessoas e situações que vibram em sintonia com nosso bem-estar. Esse equilíbrio facilita a resolução de conflitos, fortalece laços afetivos e amplia a capacidade de expressar sentimentos de forma saudável. Com a mente tranquila e o coração leve, cultivamos relacionamentos mais harmoniosos, baseados na compreensão, respeito e apoio mútuo.

Por fim, incorporar a limpeza energética como parte do autocuidado diário é um convite para viver de maneira mais plena e consciente. Cada prática, seja simples ou elaborada, contribui para fortalecer nossa essência, protegendo-nos de influências negativas e abrindo espaço para crescimento e prosperidade. Com a energia limpa e fluindo livremente, nos tornamos mais resilientes diante dos desafios e mais receptivos às bênçãos que a vida tem a oferecer, permitindo que a jornada pessoal seja conduzida com equilíbrio, clareza e propósito.

Capítulo 12
Cristais e Abundância

Os cristais são fontes naturais de energia, formados ao longo de milhões de anos nas profundezas da Terra, carregando em sua composição propriedades vibracionais únicas que influenciam diretamente o campo energético humano. Essas pedras preciosas possuem a capacidade de canalizar e amplificar frequências positivas, sendo instrumentos eficazes para atrair prosperidade, equilíbrio emocional e bem-estar físico. Quando utilizados com intenção e propósito, os cristais tornam-se ferramentas poderosas para a manifestação de abundância em diversas áreas da vida, atuando como pontes entre o mundo material e as energias sutis que nos cercam. Sua estrutura cristalina ressoa com as vibrações do universo, criando uma sinergia que favorece o fluxo de energias positivas, permitindo que desejos e objetivos se concretizem de maneira mais fluida e harmoniosa.

Ao integrar os cristais no dia a dia, é possível acessar suas propriedades específicas para impulsionar metas pessoais e profissionais. Cada tipo de cristal vibra em uma frequência distinta, alinhando-se com diferentes intenções e necessidades. Por exemplo, pedras como o Citrino são reconhecidas por estimular a prosperidade financeira e o sucesso, enquanto o Quartzo Rosa promove amor e harmonia nos relacionamentos. A interação com esses minerais favorece a elevação da frequência energética pessoal, criando um campo propício para a atração de oportunidades e a superação de desafios. Assim, ao selecionar e utilizar conscientemente um cristal alinhado a um propósito específico, a pessoa fortalece sua conexão com as energias de abundância, potencializando a realização de seus objetivos.

A prática de utilizar cristais envolve mais do que simplesmente tê-los por perto; requer cuidado, intenção clara e conexão emocional. Desde a escolha intuitiva da pedra até sua limpeza, energização e programação com desejos específicos, cada etapa desse processo contribui para potencializar a energia do cristal. Incorporá-los na rotina diária, seja como acessórios, objetos decorativos ou ferramentas de meditação, cria um fluxo contínuo de vibrações positivas. Esse envolvimento consciente permite não apenas atrair prosperidade, mas também manter um equilíbrio energético, fortalecendo a autoconfiança, a clareza mental e a motivação. Dessa forma, os cristais se tornam aliados essenciais na construção de uma vida plena, abundante e alinhada com as melhores oportunidades que o universo tem a oferecer.

Imagine segurar um cristal nas mãos, sentindo sua textura fria e suave, enquanto uma leve vibração percorre seus dedos. Esse simples gesto carrega um poder profundo, pois os cristais são mais do que belas pedras; são verdadeiras manifestações da energia da Terra, acumulando vibrações ao longo de milhões de anos. Assim como uma antena sintoniza frequências invisíveis, um cristal amplifica e canaliza energias sutis, conectando você a forças universais que influenciam diretamente o fluxo de prosperidade e equilíbrio em sua vida. Utilizar cristais com intenção consciente é como abrir um canal direto para a manifestação de abundância em todas as áreas da existência.

Essa conexão entre cristais e abundância se fortalece pela sinergia com a Lei da Atração, que nos ensina que semelhante atrai semelhante. Cada cristal vibra em uma frequência específica, e ao escolher uma pedra alinhada ao seu propósito, você sintoniza sua energia com aquilo que deseja atrair. Se a intenção for prosperidade financeira, o Citrino, com sua vibração calorosa e expansiva, atua como um poderoso imã para a riqueza. Para fortalecer relacionamentos afetivos, o Quartzo Rosa vibra na frequência do amor e da harmonia, promovendo conexões profundas e autênticas. Essa interação energética não ocorre de forma aleatória, mas como resultado de um alinhamento intencional entre o propósito da pessoa e a vibração do cristal escolhido.

O uso consciente dos cristais exige mais do que simplesmente mantê-los por perto. É necessário estabelecer uma conexão verdadeira com eles, envolvendo etapas importantes como a escolha intuitiva, a limpeza energética, a energização e a programação com intenções claras. Esse processo começa desde o momento da seleção. Ao entrar em contato com diversos cristais, é importante permitir que a intuição conduza a escolha. Muitas vezes, uma pedra em específico chama a atenção, provoca uma sensação de calor ou simplesmente "se destaca" entre as demais. Esse é um sinal de que a vibração do cristal está em sintonia com a sua energia e com as suas necessidades naquele momento.

Após a escolha, a limpeza energética é essencial para purificar o cristal de quaisquer influências anteriores. Cristais absorvem e acumulam energias do ambiente e das pessoas, por isso, precisam ser limpos antes de serem programados com novas intenções. Métodos simples como a defumação com ervas, a imersão em água com sal grosso (respeitando as características de cada pedra) ou a exposição à luz solar ou lunar são eficazes para restaurar sua pureza vibracional. Após essa purificação, energizar o cristal potencializa sua atuação. A luz solar revitaliza cristais solares, como o Citrino e a Pirita, enquanto a luz lunar intensifica a energia de pedras mais sutis e introspectivas, como a Ametista e o Quartzo Rosa.

O próximo passo é programar o cristal com a intenção desejada. Segurando a pedra com firmeza, feche os olhos e visualize com clareza aquilo que deseja manifestar. Imagine essa intenção sendo absorvida pelo cristal, que passa a irradiar essa energia ao seu redor. Esse ato de programação transforma o cristal em um aliado ativo na manifestação de seus objetivos, criando um fluxo contínuo de energia focada no que você busca alcançar.

Existem diversos cristais específicos para atrair abundância e prosperidade, cada um com propriedades únicas que atuam em diferentes aspectos da vida. O Citrino, conhecido como a "pedra da prosperidade", carrega a energia do sol, irradiando entusiasmo, confiança e criatividade. Sua vibração estimula a motivação e a clareza mental, facilitando a superação de desafios e a concretização de metas financeiras. A Pirita, com seu brilho dourado, simboliza riqueza e poder. Além de atrair oportunidades financeiras, essa pedra protege contra energias negativas e estimula o raciocínio lógico, sendo uma excelente aliada para empreendedores e profissionais em busca de crescimento.

O Olho de Tigre, por sua vez, equilibra coragem e proteção. Essa pedra ajuda a tomar decisões sábias e evita riscos desnecessários, proporcionando segurança e determinação em momentos de desafio. Já a Aventurina Verde, conhecida como a "pedra da sorte", abre caminhos para novas oportunidades e promove prosperidade de maneira equilibrada. Sua energia suave acalma emoções e fortalece a confiança, favorecendo decisões mais conscientes. A Jade, símbolo milenar de sorte e abundância, emana uma vibração de estabilidade e crescimento duradouro. Associada à sabedoria e à prosperidade, essa pedra estimula decisões sensatas e protege contra influências negativas.

Incorporar cristais no cotidiano é simples e poderoso. Carregar uma pedra no bolso ou utilizá-la como acessório mantém sua energia em contato constante com o corpo. Meditar com o cristal em mãos ou posicioná-lo sobre o chakra correspondente potencializa a conexão com a intenção. Decorar ambientes com cristais estratégicos também harmoniza a energia do espaço. Por exemplo, posicionar uma Pirita no local de trabalho atrai prosperidade nos negócios, enquanto um Citrino no canto da riqueza (segundo o Feng Shui) potencializa ganhos financeiros.

A manutenção dos cristais também é essencial para garantir sua eficácia contínua. Assim como limpamos nosso corpo e nossa mente, os cristais precisam ser purificados regularmente para liberar energias acumuladas. Incorporar práticas de gratidão e respeito pelo cristal fortalece ainda mais essa conexão. Agradecer à pedra por sua atuação energética reforça o fluxo de prosperidade, criando uma relação de troca e respeito.

Além disso, é importante lembrar que a abundância não se resume apenas a ganhos financeiros. A verdadeira prosperidade envolve equilíbrio emocional, bem-estar físico, harmonia nos relacionamentos e crescimento espiritual. Os cristais atuam de forma integrada, proporcionando equilíbrio em todas essas áreas. A Ametista, por exemplo, eleva a espiritualidade e acalma a mente, enquanto o Quartzo Verde promove saúde e cura emocional. Esse equilíbrio completo permite que a abundância se manifeste de maneira fluida e sustentável.

A prática contínua com cristais também inspira hábitos diários de presença e gratidão, fundamentais para manter a vibração elevada. Reconhecer e valorizar as pequenas conquistas fortalece o caminho para realizações maiores. A energia dos cristais, somada a uma mentalidade aberta e intencional, cria um ambiente interno e externo propício para o crescimento. Essa harmonia entre intenção, ação e vibração energética potencializa a manifestação de objetivos e a construção de uma vida plena.

Ao integrar os cristais em sua jornada, não apenas como objetos decorativos, mas como aliados energéticos, você abre espaço para que a prosperidade flua naturalmente. Esse equilíbrio entre o mundo material e o espiritual permite acessar novas possibilidades, transformar desafios em aprendizado e viver com mais confiança e propósito. Cada cristal escolhido, programado e cuidado com intenção se torna um parceiro silencioso, mas poderoso, na construção de uma vida rica em abundância, harmonia e realização.

Ao aprofundar essa conexão com os cristais, é importante lembrar que a verdadeira abundância não se limita apenas aos bens materiais, mas também engloba a plenitude emocional, espiritual e mental. A energia emanada pelos cristais favorece não só a manifestação de riquezas tangíveis, mas também a expansão da consciência e o fortalecimento do autoconhecimento. Ao cultivar uma mentalidade aberta e receptiva, alinhada com as energias dos cristais, cria-se um fluxo contínuo de oportunidades, onde a prosperidade se manifesta de forma natural e equilibrada em todas as áreas da vida.

Além disso, o uso consciente dos cristais inspira práticas diárias de gratidão e presença, elementos essenciais para manter a vibração elevada e atrair experiências positivas. Esse processo incentiva o indivíduo a reconhecer e valorizar as pequenas conquistas diárias, criando uma base sólida para realizações maiores. A harmonia entre intenção, ação e a energia dos cristais fortalece o caminho para uma vida mais abundante, onde cada escolha reflete um compromisso com o crescimento pessoal e com a criação de um ambiente próspero e equilibrado.

Assim, ao integrar os cristais em sua jornada, não apenas como ferramentas, mas como verdadeiros aliados energéticos, você abre espaço para que a abundância flua com leveza e propósito. Esse equilíbrio entre o mundo material e o espiritual permite acessar novas possibilidades, transformar desafios em aprendizados e construir uma realidade pautada pela confiança, harmonia e prosperidade contínua.

Capítulo 13
Aromaterapia Vibracional

A aromaterapia vibracional potencializa o equilíbrio físico, emocional e energético por meio do uso consciente de óleos essenciais, que carregam a força vital das plantas. Esses compostos naturais, extraídos de flores, raízes, cascas e folhas, atuam diretamente na harmonização do corpo e da mente, elevando a frequência vibracional e facilitando a manifestação da abundância em diversas áreas da vida. A interação entre os aromas e o sistema límbico do cérebro desencadeia respostas positivas que promovem bem-estar, desbloqueiam padrões limitantes e estimulam o fluxo energético, permitindo o alinhamento com estados de prosperidade, amor e paz interior. Assim, a aromaterapia vibracional se apresenta como uma prática transformadora, capaz de integrar a sabedoria da natureza ao equilíbrio emocional e espiritual.

Os óleos essenciais possuem propriedades únicas que reverberam em diferentes aspectos da existência, sendo capazes de influenciar emoções, pensamentos e comportamentos. Quando aplicados com intenção, esses óleos sintonizam a mente com a energia de prosperidade, saúde e realização pessoal. O óleo de laranja doce, por exemplo, é reconhecido por sua vibração de alegria e expansão, dissolvendo bloqueios emocionais e despertando a criatividade, enquanto o óleo de lavanda promove calma e equilíbrio emocional, criando um ambiente interno propício ao crescimento pessoal. Essa conexão direta entre aroma e vibração energética transforma a aromaterapia vibracional em uma ferramenta eficaz para atrair abundância, desbloquear potenciais e favorecer o fluxo de oportunidades.

Ao integrar a aromaterapia vibracional à rotina diária, é possível fortalecer a conexão entre corpo, mente e energia, potencializando resultados em diversas áreas da vida. A prática vai além da simples inalação de aromas agradáveis; trata-se de um processo consciente de alinhar pensamentos, emoções e intenções com a energia vital da natureza. A aplicação dos óleos essenciais, seja por inalação, massagens, banhos ou difusores, cria um campo vibracional elevado, favorecendo a harmonia interior e atraindo experiências alinhadas com desejos de prosperidade e realização. Assim, a aromaterapia vibracional se consolida como um caminho natural e poderoso para transformar a energia pessoal, abrir espaço para novas possibilidades e viver de forma mais plena e abundante.

Imagine-se caminhando por um vasto jardim, onde o ar está impregnado pelo perfume das flores que balançam suavemente ao vento. Cada respiração profunda traz consigo uma sensação de serenidade e vitalidade, como se a própria natureza sussurrasse segredos de equilíbrio e renovação. Esse ambiente não apenas relaxa, mas também revigora, despertando uma energia sutil e poderosa que percorre todo o corpo. Assim como esse passeio entre flores perfumadas, o uso dos óleos essenciais na aromaterapia vibracional atua de forma semelhante, elevando a vibração energética, equilibrando as emoções e abrindo caminhos para que a abundância se manifeste de maneira fluida e natural.

A conexão entre os óleos essenciais e a frequência da abundância é profunda e intuitiva. Cada essência carrega uma vibração única que interage diretamente com diferentes aspectos da vida. Ao utilizar esses óleos com intenção clara e propósito definido, cria-se uma ponte energética entre o desejo e sua realização. É como sintonizar uma estação de rádio específica: ao ajustar a frequência correta, a música flui sem interferências. Assim, ao escolher um óleo essencial alinhado com aquilo que se busca manifestar — seja prosperidade, saúde, amor ou paz interior —, a energia ao redor começa a se reorganizar para apoiar esses objetivos.

Entre os muitos óleos essenciais disponíveis, alguns são especialmente conhecidos por sua capacidade de atrair abundância. O óleo essencial de laranja doce, com seu aroma cítrico e vibrante, é um verdadeiro convite à alegria e ao entusiasmo. Sua fragrância tem o poder de dissolver bloqueios emocionais e estimular a criatividade, permitindo que novas ideias e oportunidades floresçam com leveza. Ao inalar seu aroma ou aplicá-lo sobre a pele, é como se uma onda de positividade e energia expansiva invadisse o ambiente, criando espaço para o fluxo natural da prosperidade.

A intensidade calorosa do óleo essencial de canela, por sua vez, desperta uma força vital ardente. Sua vibração potente fortalece a autoconfiança e a determinação, criando um campo energético propício para o crescimento financeiro e o sucesso nos negócios. O aroma marcante da canela é como uma chama que incendeia a motivação, impulsionando a ação e atraindo oportunidades de prosperidade material. Essa energia vibrante é ideal para momentos em que é necessário tomar decisões ousadas ou buscar expansão profissional.

Com seu aroma terroso e profundo, o óleo essencial de patchouli convida à conexão com a energia da Terra. Essa essência promove estabilidade e segurança, fundamentais para transformar desejos em realidade concreta. A sensação de enraizamento proporcionada pelo patchouli fortalece a base emocional, permitindo que projetos e sonhos sejam construídos com solidez. Sua vibração, densa e acolhedora, cria um ambiente interno de confiança e resistência, facilitando a materialização de objetivos.

O gengibre, com seu aroma quente e picante, traz uma energia vibrante que inspira coragem e iniciativa. Esse óleo essencial age como um impulso para a ação imediata, dissolvendo medos e hesitações que possam estar bloqueando o caminho para a prosperidade. Sua presença energética incentiva a sair da zona de conforto e enfrentar desafios com determinação, abrindo portas para novas oportunidades em todas as áreas da vida.

O frescor herbal do óleo essencial de manjericão clareia a mente e aguça o foco. Sua influência mental proporciona uma lucidez que facilita a tomada de decisões assertivas, essenciais para o sucesso em negócios e projetos. Esse estado de clareza mental e equilíbrio emocional cria condições ideais para que a prosperidade financeira se manifeste de forma consistente e sustentável. O manjericão, com sua energia leve e revitalizante, auxilia na superação de obstáculos mentais, permitindo que as ideias fluam com clareza e objetividade.

Por fim, o óleo essencial de ylang ylang, com sua fragrância floral e exótica, promove amor-próprio e autoconfiança. Sua essência suave abre o coração para relacionamentos harmoniosos e fortalece a conexão com a abundância emocional e material. Ao envolver-se nesse aroma delicado, percebe-se um convite à entrega e ao fluxo do amor em todas as suas formas. Essa energia amorosa e receptiva facilita o recebimento de prosperidade, permitindo que o amor e a abundância fluam livremente.

Integrar esses óleos essenciais na rotina diária pode ser uma experiência profundamente transformadora. A inalação direta, por exemplo, proporciona efeitos imediatos, seja ao respirar profundamente o aroma diretamente do frasco ou ao utilizar um difusor para espalhar a fragrância pelo ambiente. Esse simples ato de respirar um aroma intencionalmente pode alterar estados emocionais e elevar a vibração energética, criando um espaço propício para o bem-estar e a realização de metas.

As massagens com óleos essenciais são outra forma poderosa de incorporar esses benefícios. Ao diluir algumas gotas em um óleo vegetal carreador e aplicar na pele com movimentos suaves, não apenas se relaxa a musculatura, mas também se facilita a absorção das propriedades terapêuticas da essência. Esse contato direto com o corpo intensifica a conexão entre mente, emoção e energia vital, promovendo equilíbrio e estimulando o fluxo de prosperidade.

Transformar o banho em um ritual de autocuidado também potencializa os efeitos da aromaterapia vibracional. Ao adicionar gotas de óleo essencial diluídas em óleo vegetal ou mel à água quente, o vapor aromático envolve o corpo, proporcionando relaxamento profundo e renovação energética. Esse momento íntimo se torna uma oportunidade de purificação, onde tensões são dissolvidas e intenções de abundância são fortalecidas.

As compressas aromáticas oferecem um cuidado direcionado e eficaz. Aplicar um pano embebido em água aromatizada com óleos essenciais sobre áreas específicas do corpo ajuda a aliviar dores, reduzir tensões e desbloquear pontos energéticos. Esse método simples intensifica o equilíbrio físico e emocional, criando um campo vibracional alinhado com a prosperidade.

O uso de aromatizadores pessoais, como colares e pulseiras de difusão, permite carregar a energia dos óleos essenciais ao longo do dia. Aplicar pequenas gotas nesses acessórios cria uma conexão constante com as intenções de equilíbrio emocional e abundância. Assim, mesmo em meio à correria cotidiana, é possível manter-se centrado e alinhado com seus propósitos.

Para potencializar ainda mais os efeitos da aromaterapia vibracional, é fundamental escolher óleos essenciais de alta qualidade. Optar por produtos puros, livres de aditivos e provenientes de marcas comprometidas com práticas sustentáveis, garante a integridade das propriedades terapêuticas. A diluição adequada em óleos carreadores assegura segurança no uso tópico, evitando irritações e promovendo uma absorção eficaz.

Mais importante ainda é o uso consciente e intencional dos óleos. Mentalizar objetivos específicos durante a aplicação amplia a frequência vibracional, criando uma sinergia entre pensamentos, emoções e a energia das essências. Combinar diferentes óleos que se complementam também potencializa seus efeitos, criando uma vibração ainda mais forte e direcionada.

Ao permitir que cada aroma guie intuitivamente o processo de autoconhecimento e transformação, a aromaterapia vibracional se torna uma ferramenta poderosa de reconexão com a própria essência. Incorporar essa prática com propósito abre um portal para experiências mais ricas e autênticas, permitindo que a abundância flua de maneira natural e harmoniosa em todos os aspectos da vida.

Ao aprofundar a prática da aromaterapia vibracional, é essencial cultivar uma conexão intuitiva com os óleos essenciais, permitindo que cada aroma guie o processo de autoconhecimento e transformação. Esse vínculo íntimo com as fragrâncias naturais não apenas potencializa seus benefícios energéticos, mas também desperta uma escuta sensível às necessidades do corpo e da alma. Ao reconhecer quais essências ressoam mais intensamente em diferentes momentos da vida, torna-se possível ajustar a prática de forma personalizada, respeitando o fluxo natural das emoções e intenções.

Além disso, integrar rituais simples no cotidiano, como momentos de meditação com difusores ou a criação de ambientes sagrados com aromas específicos, amplia o poder vibracional dos óleos essenciais. Esses pequenos gestos de cuidado consigo mesmo cultivam um espaço interno de clareza e receptividade, facilitando a manifestação de desejos e metas. A combinação de intenção consciente com o uso dos óleos essenciais fortalece a sintonia com a abundância universal, promovendo uma jornada de crescimento contínuo e equilíbrio pleno.

Assim, a aromaterapia vibracional se revela mais do que uma prática de bem-estar: é um caminho de reconexão com a essência da vida, onde cada aroma carrega uma mensagem da natureza para nutrir corpo, mente e espírito. Ao incorporar essa sabedoria ancestral com presença e propósito, abre-se um portal para experiências mais ricas e autênticas, permitindo que a abundância flua de maneira natural e harmoniosa em todos os aspectos da existência.

Capítulo 14
Feng Shui para Prosperidade

O Feng Shui é uma prática profundamente enraizada na sabedoria milenar chinesa, reconhecida por sua capacidade de transformar ambientes em espaços de equilíbrio e harmonia. Ao aplicar seus princípios, é possível ajustar a energia dos ambientes de forma a favorecer o fluxo do Chi, a energia vital responsável por nutrir todas as áreas da vida. Essa arte busca promover a integração harmoniosa entre o ser humano e o espaço ao seu redor, influenciando positivamente aspectos como prosperidade, saúde, amor e bem-estar. Por meio de ajustes sutis na disposição de móveis, escolha de cores, inclusão de elementos naturais e remoção de bloqueios energéticos, o Feng Shui oferece ferramentas práticas e eficazes para atrair abundância e oportunidades. Cada detalhe no ambiente é tratado como uma peça fundamental para criar um fluxo de energia contínuo e positivo, capaz de refletir e amplificar intenções de crescimento e sucesso.

A harmonia do espaço físico está diretamente conectada ao equilíbrio emocional e financeiro. Quando a energia circula livremente e sem obstáculos, a casa ou o ambiente de trabalho se torna um reflexo de estabilidade e prosperidade. Elementos como plantas saudáveis, iluminação adequada e objetos simbólicos de riqueza são utilizados de forma estratégica para fortalecer essa conexão. A disposição organizada dos móveis, a escolha consciente das cores e a integração de elementos naturais são aspectos que transformam o ambiente em um canal de atração para boas oportunidades. Assim, o Feng Shui não apenas embeleza os espaços, mas também os alinha energeticamente com objetivos claros de prosperidade e realização pessoal.

Ao compreender a interação entre os elementos naturais e o espaço físico, torna-se possível criar ambientes que estimulam a motivação, a criatividade e o equilíbrio emocional. Cada ajuste feito com intenção, seja na entrada da casa, na escolha de objetos decorativos ou na disposição dos móveis, influencia diretamente a qualidade da energia que circula. O Feng Shui oferece um caminho prático e acessível para quem busca alinhar sua vida material e emocional com o fluxo natural de abundância. Assim, ao transformar o ambiente em um espaço acolhedor e vibrante, é possível abrir portas para novas possibilidades e alcançar um estado de bem-estar pleno, onde prosperidade e equilíbrio caminham lado a lado.

Imagine sua casa como um organismo vivo, pulsante e cheio de energia, onde cada cômodo desempenha um papel essencial na harmonia geral. A energia vital, conhecida como "Chi" no Feng Shui, percorre livremente os espaços, nutrindo cada ambiente e influenciando diretamente o bem-estar e a prosperidade dos moradores. Assim como o sangue circula pelo corpo, levando nutrientes e vitalidade, o Chi flui pelos cômodos, distribuindo equilíbrio e abundância. No entanto, esse fluxo pode ser interrompido por bloqueios energéticos causados por desordem, objetos quebrados ou disposição inadequada dos móveis. O Feng Shui ensina a identificar esses bloqueios e a transformá-los, criando um fluxo de energia positivo e contínuo que favorece o crescimento, a prosperidade e o bem-estar em todas as áreas da vida.

No Feng Shui, a energia da prosperidade está intimamente ligada ao elemento madeira, símbolo de crescimento, renovação e expansão. Para ativar essa energia em casa, é essencial criar um ambiente que permita que o Chi flua sem obstáculos. A organização e a limpeza são os primeiros passos nesse processo. Espaços desorganizados acumulam energia estagnada, dificultando o fluxo de oportunidades. Ao eliminar objetos quebrados, itens sem uso e excessos desnecessários, você abre espaço para que a energia circule livremente. Ambientes arejados e organizados funcionam como canais por onde a energia da prosperidade pode entrar e se expandir. Cada objeto em casa carrega uma vibração que influencia o estado emocional e a vida financeira, por isso, cuidar de cada detalhe é essencial para criar um ambiente próspero.

As cores também desempenham um papel fundamental na harmonização dos espaços e na atração da prosperidade. Tons de verde representam crescimento e renovação, enquanto o azul transmite serenidade e equilíbrio emocional. Ambos estão relacionados ao elemento madeira e são poderosos ativadores de energia de abundância. Adicionar toques de preto ou azul escuro complementa esse fluxo, pois esses tons representam o elemento água, que nutre a madeira e estimula a prosperidade. Paredes pintadas em verde suave, almofadas azuis ou objetos decorativos nessas tonalidades ajudam a criar um ambiente harmonioso, capaz de potencializar o fluxo energético. A combinação dessas cores deve ser feita com equilíbrio, sempre respeitando a harmonia geral do espaço.

As plantas vivas são símbolos naturais de vitalidade e crescimento e desempenham um papel essencial na ativação da energia de prosperidade. Espécies como o bambu-da-sorte, a planta jade e o lírio-da-paz são especialmente eficazes para atrair abundância. Posicioná-las no canto esquerdo mais distante da porta de entrada — conhecido como o setor da riqueza — potencializa seu efeito. As plantas devem ser saudáveis, bem cuidadas e receber luz natural adequada. É importante evitar espécies com folhas pontiagudas ou espinhosas, pois estas podem gerar uma energia agressiva, comprometendo o fluxo positivo. O cuidado constante com as plantas simboliza a atenção dedicada ao crescimento financeiro e pessoal.

Os espelhos são ferramentas poderosas no Feng Shui, capazes de expandir e redirecionar o fluxo de energia. Quando estrategicamente posicionados, refletem a luz natural e duplicam imagens de prosperidade, simbolizando a ampliação da abundância. No entanto, devem ser utilizados com cautela. Evite colocá-los em frente à porta de entrada, pois podem refletir a energia positiva de volta para fora. Prefira posicioná-los de modo a refletir paisagens agradáveis ou objetos que simbolizam riqueza, como plantas saudáveis ou obras de arte que evocam prosperidade. Esse simples ajuste amplia a sensação de expansão e harmonia no ambiente.

A introdução de objetos simbólicos de prosperidade é outra estratégia eficaz. Fontes de água em funcionamento representam o fluxo constante de dinheiro e oportunidades. Moedas chinesas amarradas com fitas vermelhas e estátuas do Buda da prosperidade são símbolos tradicionais que evocam sorte e abundância. Quadros que retratam cenários de fartura, como paisagens verdes e campos férteis, reforçam visualmente a intenção de atrair riqueza. Esses itens devem ser colocados em locais visíveis e integrados harmoniosamente à decoração, sem exageros que possam sobrecarregar o ambiente. A escolha de cada objeto deve refletir uma intenção clara de atrair prosperidade e bem-estar.

A porta de entrada da casa, no Feng Shui, é considerada a "boca do Chi", por onde a energia vital penetra no ambiente. Por isso, é fundamental que ela seja convidativa e esteja sempre em bom estado. Deve-se mantê-la limpa, com a pintura conservada e maçanetas funcionais. Iluminação adequada e elementos decorativos como sinos de vento ou vasos de plantas podem tornar a entrada mais acolhedora. Obstáculos como móveis ou vasos que bloqueiem o caminho devem ser evitados, pois impedem que a energia de prosperidade flua livremente para dentro de casa. Um capacho novo e bem cuidado também simboliza boas-vindas e potencializa o fluxo energético.

O setor da prosperidade, localizado no canto esquerdo mais distante da entrada principal, merece atenção especial. Decorar esse espaço com objetos dourados, pedras como pirita ou citrino e uma iluminação suave ajuda a ativar a energia da abundância. Plantas vibrantes, quadros com imagens de sucesso e elementos que representem riqueza completam a composição ideal desse canto. A integração de cores vivas, materiais naturais e símbolos de fartura cria um ambiente poderoso para atrair crescimento financeiro e novas oportunidades.

Na cozinha, considerada o coração da casa e um importante centro de prosperidade, a limpeza e a organização são fundamentais. O fogão deve estar sempre limpo e com todas as bocas funcionando, representando múltiplas fontes de renda. Uma fruteira cheia de frutas frescas simboliza fartura, enquanto o uso de cores como vermelho, dourado ou verde nas decorações reforça a energia de abundância. Eletrodomésticos danificados devem ser reparados ou substituídos, pois representam bloqueios financeiros. A atenção aos detalhes na cozinha reflete diretamente na fluidez da prosperidade no lar.

A sala de jantar, como espaço de convivência e partilha, também influencia a prosperidade familiar. Mesas redondas ou ovais são preferíveis, pois facilitam o fluxo de energia e promovem harmonia. Um arranjo central com frutas ou flores naturais simboliza fartura e vitalidade. Espelhos estrategicamente posicionados podem duplicar a imagem da mesa posta, amplificando simbolicamente a abundância. A iluminação deve ser suave e acolhedora, criando um ambiente agradável para momentos de celebração e união.

Para quem busca prosperidade profissional, o escritório deve ser um ambiente organizado e inspirador. A mesa de trabalho deve estar na posição de comando, permitindo a visão da porta sem estar diretamente alinhada a ela, transmitindo segurança e controle. Uma cadeira confortável, poucos itens sobre a mesa e o uso de plantas pequenas trazem vitalidade. Objetos de decoração como globos, imagens de sucesso ou detalhes dourados reforçam a energia de crescimento e realização.

Por fim, cuidar da carteira e das finanças pessoais também faz parte da prática do Feng Shui. Manter a carteira organizada, com notas alinhadas e sem papéis desnecessários, simboliza respeito pelo dinheiro. Optar por cores como verde, dourado ou vermelho potencializa a atração de prosperidade. Guardar dentro dela símbolos de riqueza, como moedas chinesas ou notas dobradas, fortalece o fluxo de abundância.

Com esses cuidados e ajustes, o Feng Shui se transforma em uma ferramenta poderosa para harmonizar ambientes e abrir caminho para o sucesso. Cada detalhe ajustado com intenção fortalece a conexão com a prosperidade, permitindo que a energia flua livremente e traga equilíbrio, bem-estar e crescimento contínuo.

Manter a energia da prosperidade ativa exige constância e atenção aos detalhes do cotidiano. Pequenos hábitos diários, como abrir as janelas pela manhã para renovar o ar, acender incensos suaves ou reorganizar objetos conforme a necessidade, reforçam o fluxo positivo do Chi. Além disso, a prática de gratidão genuína pelos bens e conquistas já alcançados cria um campo vibracional propício para novas oportunidades. Esse equilíbrio entre ações práticas e intenção mental fortalece a conexão com a abundância, tornando o ambiente não apenas bonito, mas também um verdadeiro imã de prosperidade.

É importante lembrar que cada ajuste feito no ambiente deve refletir sua personalidade e seus objetivos. O Feng Shui não é apenas uma fórmula rígida, mas uma prática que deve ser adaptada à sua realidade, respeitando o seu gosto pessoal e o contexto de vida. Assim, cada escolha, desde a disposição de móveis até a seleção de símbolos de riqueza, deve carregar significado e intenção. Ao personalizar os espaços com consciência, você cria um ambiente autêntico, onde a energia circula livremente e se alinha aos seus desejos de crescimento e realização.

Com esses princípios integrados ao seu dia a dia, a prosperidade deixa de ser apenas um conceito distante e se manifesta de forma concreta em sua vida. O Feng Shui, quando aplicado com sensibilidade e propósito, transforma o lar em um reflexo claro de seus sonhos e metas, ampliando o potencial de sucesso em todas as áreas. Dessa forma, a harmonia entre ambiente, mente e espírito se torna a base sólida para um caminho de abundância contínua e bem-estar duradouro.

Capítulo 15
Música e Frequências

A música exerce uma influência profunda e direta sobre a mente, o corpo e o espírito, funcionando como uma ponte natural entre as emoções humanas e as vibrações do universo. Cada som, ritmo e melodia carrega uma frequência específica capaz de interagir com nossos estados emocionais e energéticos, promovendo equilíbrio, bem-estar e transformação pessoal. Quando utilizada de forma intencional, a música se torna uma ferramenta poderosa para elevar a vibração interna, restaurar a harmonia dos centros energéticos e fortalecer a conexão com a abundância presente em todas as áreas da vida. Essa interação sonora não se limita ao entretenimento, mas se expande como um meio eficaz de alinhar pensamentos e sentimentos com as energias positivas que favorecem a prosperidade e a realização pessoal.

Os sons musicais, quando escolhidos com propósito, têm o poder de criar atmosferas propícias ao relaxamento, à concentração e ao crescimento emocional. A combinação de notas, acordes e ritmos pode estimular estados de calma profunda ou motivar ações concretas, dependendo da frequência em que vibram. Assim, explorar diferentes gêneros musicais e sons naturais permite ajustar a vibração interna conforme as necessidades do momento, seja para acalmar a mente agitada, inspirar a criatividade ou atrair experiências positivas. A conexão consciente com esses sons potencializa a energia vital, favorecendo a clareza mental, a saúde emocional e a harmonia espiritual.

Ao integrar a música no cotidiano de maneira atenta e direcionada, cria-se um ambiente vibracional favorável à manifestação de desejos e objetivos. Esse processo envolve ouvir composições que ressoem com sentimentos de gratidão, alegria e paz, ampliando o fluxo de energias positivas. Canções com letras inspiradoras, melodias suaves ou ritmos envolventes reforçam crenças construtivas e desbloqueiam padrões limitantes, permitindo que a energia da abundância flua naturalmente. Assim, a música se revela não apenas como arte, mas como um recurso essencial para nutrir a alma, expandir a consciência e atrair prosperidade em todos os aspectos da vida.

Imagine uma orquestra sinfônica tocando em perfeita harmonia. Cada instrumento, com sua melodia e ritmo únicos, contribui para a criação de uma sinfonia grandiosa que emociona e inspira quem a ouve. Assim como uma orquestra se equilibra por meio da combinação de sons, a música pode ser utilizada como uma poderosa ferramenta para harmonizar os centros energéticos do corpo, acalmar a mente e atrair prosperidade e bem-estar. As vibrações sonoras percorrem nosso ser, alinhando emoções, pensamentos e energias, criando um fluxo contínuo de equilíbrio e expansão. Quando nos conectamos de forma consciente com essas frequências musicais, abrimos caminho para transformar nossas emoções e sintonizar com estados de abundância e realização.

A música, quando associada à Lei da Atração, se torna ainda mais potente. Segundo esse princípio, "semelhante atrai semelhante", o que significa que vibramos na frequência das experiências e situações que atraímos para nossa vida. Cada música possui uma vibração própria, e ao escolher melodias que ressoam com a energia da prosperidade, passamos a sintonizar com oportunidades e circunstâncias alinhadas com esse estado. Canções com letras positivas e ritmos alegres vibram nas frequências da alegria, gratidão e crescimento. Por outro lado, melodias suaves e relaxantes alinham-se com as vibrações de paz, harmonia e equilíbrio. Assim, a seleção consciente de músicas não só influencia o humor, mas também pode transformar nossa realidade ao atrair energias que impulsionam nossos objetivos.

Diversos estilos musicais são especialmente eficazes para elevar a vibração e atrair abundância. A música clássica, por exemplo, tem sido valorizada há séculos por suas composições harmoniosas e complexas. Obras de Mozart, Bach e Beethoven carregam frequências elevadas que promovem clareza mental, equilíbrio emocional e serenidade. Ouvir uma sinfonia ou um concerto de piano pode despertar a criatividade e estimular o foco, proporcionando um ambiente interno propício para a manifestação de desejos. Essas músicas não apenas encantam os sentidos, mas também atuam como estímulos para a expansão da mente e do espírito.

As músicas instrumentais, por sua vez, oferecem uma experiência sonora pura e acolhedora. Sem a influência de palavras, melodias criadas por instrumentos como piano, violino, flauta e harpa acalmam a mente e reduzem o estresse, ampliando a conexão com a energia da abundância. Esses sons são ideais para momentos de introspecção, meditação ou estudo, criando um espaço vibracional sereno e propício para o fluxo de ideias e sentimentos positivos. O som suave de uma harpa ou as notas delicadas de um piano podem dissolver tensões e abrir caminho para uma sensação de paz e plenitude.

Os mantras são outro recurso poderoso. Compostos por sons sagrados repetidos de forma contínua, os mantras carregam frequências capazes de silenciar a mente e alinhar as energias do corpo. O simples som "Om" ou mantras em sânscrito ativam centros energéticos e criam uma atmosfera de introspecção e conexão espiritual. Integrar mantras à rotina diária é uma forma eficaz de sintonizar-se com frequências elevadas, facilitando a manifestação de prosperidade e bem-estar. Ao repetir esses sons, criamos um campo vibracional que fortalece a mente e acalma o espírito.

Além disso, músicas com letras inspiradoras e mensagens positivas têm o poder de nutrir a mente com pensamentos construtivos. Canções que falam sobre amor-próprio, superação e conquistas reforçam crenças que favorecem o fluxo de abundância. Ao ouvir ou cantar essas músicas, internalizamos suas mensagens, elevando nossa vibração e criando um ambiente interno favorável para o sucesso. A energia dessas canções estimula a confiança e a motivação, influenciando diretamente a forma como enfrentamos desafios e buscamos nossos objetivos.

Os sons da natureza também desempenham um papel fundamental na harmonização energética. O som das ondas do mar, o canto dos pássaros ou a suavidade da chuva evocam a conexão com o ciclo natural da vida. Essas vibrações naturais promovem relaxamento profundo e renovação energética, ajudando a acalmar a mente e restaurar o equilíbrio emocional. Incorporar esses sons ao dia a dia, seja por meio de gravações ou vivências diretas, é uma forma de reconectar-se com a essência da natureza e absorver sua energia vital.

Para potencializar o impacto da música na manifestação de abundância, é essencial ouvi-la com intenção. Antes de iniciar uma música, reserve um momento para fechar os olhos, respirar profundamente e definir uma intenção clara. Visualize aquilo que deseja atrair e permita que as vibrações sonoras alinhem suas energias com esse propósito. Esse simples gesto transforma a experiência de ouvir música em um poderoso exercício de manifestação, onde cada nota atua como um canal para concretizar seus desejos.

Cantar junto com a música também amplifica suas vibrações. Ao vocalizar letras positivas com entusiasmo, você integra a energia da música ao seu campo vibracional. Não importa a técnica vocal ou a afinação, mas sim a autenticidade e a emoção transmitidas. Esse ato de expressão libera emoções, dissolve bloqueios e reforça a sintonia com a prosperidade. Permitir-se cantar livremente é abrir espaço para que a energia flua e fortaleça a conexão com seus objetivos.

Dançar ao som da música é outra forma de integração energética. O movimento do corpo em sintonia com a melodia ajuda a liberar tensões e bloqueios emocionais. A dança espontânea, sem regras ou passos predefinidos, permite que o corpo se expresse livremente, criando um fluxo contínuo de energia positiva. Esse movimento natural fortalece a harmonia entre corpo, mente e espírito, potencializando a atração de abundância de maneira leve e prazerosa.

Criar uma playlist da abundância é uma prática simples, mas muito eficaz. Selecione músicas que evoquem alegria, gratidão e prosperidade. Inclua faixas com letras inspiradoras, melodias vibrantes e ritmos que te motivem. Ouvir essa playlist diariamente, especialmente ao iniciar o dia ou durante momentos de criação, ajuda a manter sua vibração elevada e alinhada com seus objetivos. Essa seleção musical personalizada torna-se um recurso constante de inspiração e alinhamento energético.

Integrar música em rituais de manifestação também potencializa resultados. Durante práticas de visualização criativa, afirmações positivas ou meditações, escolha trilhas sonoras que reforcem sua intenção. A música cria um ambiente emocionalmente envolvente, tornando esses momentos mais profundos e eficazes. Esse suporte sonoro amplia a conexão com seus desejos, facilitando a materialização de sonhos e metas.

Por fim, compartilhar música com pessoas queridas amplia a energia positiva. Dividir canções que te inspiram fortalece vínculos afetivos e cria momentos de conexão e alegria. A música, como linguagem universal, une pessoas e espalha vibrações elevadas. Organizar encontros musicais ou simplesmente enviar uma música significativa pode ser um gesto poderoso para nutrir relacionamentos e expandir a energia da abundância em seu círculo social.

Ao compreender a música como uma ferramenta de transformação, passamos a utilizá-la de forma mais consciente e estratégica. Cada nota carrega o poder de moldar emoções, desbloquear energias e alinhar intenções com aquilo que desejamos manifestar. Incorporar esses sons em momentos de introspecção, celebração ou simples relaxamento nos conecta com um fluxo contínuo de bem-estar, criatividade e prosperidade. Assim, a música se torna um elo entre o mundo material e o espiritual, conduzindo-nos com leveza e propósito em direção a uma vida plena e abundante.

Quando compreendemos a música como uma ferramenta de transformação, passamos a utilizá-la de forma mais consciente e estratégica em nossa jornada de autoconhecimento e evolução. Cada nota, cada batida, carrega consigo o poder de moldar emoções, desbloquear energias e alinhar intenções com aquilo que desejamos manifestar. Ao explorar sons que ressoam com nossos objetivos e estados emocionais, criamos um ambiente interno propício para o florescimento da criatividade, da saúde emocional e da prosperidade. Assim, a música se torna um elo entre o mundo material e o espiritual, guiando-nos suavemente em direção a uma vida mais plena e harmoniosa.

Essa integração sonora não exige grandes rituais ou mudanças radicais na rotina; pequenos gestos, como ouvir uma melodia calma ao despertar ou escolher uma canção inspiradora durante o trabalho, podem gerar impactos significativos. A chave está na intenção com que nos conectamos a esses sons e na sensibilidade de perceber como eles afetam nossa vibração. Ao fazer da música uma aliada constante, desenvolvemos a capacidade de recalibrar nossas energias diante dos desafios diários, nutrindo uma mentalidade mais aberta, resiliente e alinhada com o fluxo natural da abundância.

Portanto, cultivar uma relação consciente com a música é permitir-se navegar com mais leveza e propósito pelos altos e baixos da vida. Seja por meio de sons da natureza que acalmam, mantras que elevam o espírito ou ritmos vibrantes que despertam a motivação, a música oferece infinitas possibilidades de cura e expansão. Ao abrir espaço para essas frequências em nosso cotidiano, não apenas embelezamos nossos dias, mas também criamos uma base sólida para viver com mais equilíbrio, alegria e realização.

Capítulo 16
Meditação para Abundância

A meditação é uma ferramenta poderosa e acessível que permite cultivar a abundância de forma consciente e profunda. Por meio do silêncio interior e da conexão com o momento presente, essa prática fortalece a capacidade de alinhar pensamentos, emoções e ações com a energia da prosperidade. Ao dedicar momentos diários para aquietar a mente e nutrir a paz interior, cria-se um espaço propício para o fluxo de oportunidades e realizações. Esse estado de equilíbrio facilita o reconhecimento de caminhos que levam ao crescimento pessoal, financeiro e espiritual, permitindo que a abundância se manifeste de maneira natural e constante.

Ao integrar a meditação à rotina, desenvolve-se uma percepção mais clara das metas e desejos, eliminando crenças limitantes e padrões de pensamento negativos. Essa clareza mental abre portas para escolhas mais assertivas, fortalecendo a confiança na própria jornada e a conexão com recursos internos essenciais para o sucesso. Com a mente tranquila e o coração aberto, é possível perceber com mais nitidez as oportunidades que surgem, além de manter o foco e a motivação para transformar intenções em resultados concretos. Esse alinhamento interior cria um campo magnético favorável à realização de objetivos e ao alcance de uma vida plena e próspera.

Além de proporcionar equilíbrio emocional, a meditação também potencializa a criatividade, a intuição e a resiliência. Esses aspectos são fundamentais para enfrentar desafios e adaptar-se a novas circunstâncias com sabedoria e confiança. O cultivo desse estado de presença consciente permite acessar soluções inovadoras e caminhos inexplorados, facilitando a construção de uma realidade alinhada com sonhos e objetivos. Assim, a prática meditativa se torna uma ponte entre o desejo de prosperar e a concretização de uma existência abundante, sustentada por bem-estar, harmonia e realização pessoal.

Imagine um lago de águas cristalinas. Quando sua superfície está agitada por ventos e ondas, torna-se impossível enxergar o fundo. Mas, quando as águas se acalmam, revela-se a beleza oculta: as pedras, os peixes e a profundidade serena. Assim é a mente humana. A meditação funciona como esse processo de acalmar as águas internas, silenciando a agitação dos pensamentos e permitindo acessar a clareza, a paz interior e a conexão com a abundância que reside dentro de nós. Nesse estado de quietude, é possível perceber com nitidez os caminhos que conduzem ao crescimento pessoal, financeiro e espiritual, abrindo espaço para que oportunidades fluam livremente.

Quando meditamos, entramos em um estado de receptividade que nos alinha com a frequência daquilo que desejamos manifestar. A prática constante nos coloca em harmonia com a energia da abundância, tornando-nos canais abertos para que ela se manifeste em todas as áreas da vida. Durante a meditação, visualizar sonhos concretizados, repetir afirmações positivas ou simplesmente sentir gratidão pelo que já possuímos fortalece a conexão com a prosperidade. Esse alinhamento vibracional potencializa a materialização de metas e transforma desejos em realidade.

Entre os benefícios mais notáveis da meditação está a redução do estresse e da ansiedade. O excesso de preocupações bloqueia o fluxo natural da abundância, criando resistência mental e emocional. A prática meditativa reduz significativamente os níveis de cortisol, o hormônio do estresse, promovendo equilíbrio emocional e uma mente mais leve e clara. Esse estado de calma interior não apenas melhora o bem-estar, mas também facilita o reconhecimento de novas oportunidades e abre espaço para tomadas de decisões mais acertadas.

A meditação também é uma poderosa aliada para aumentar o foco e a concentração. Quando a mente se liberta da dispersão de pensamentos, torna-se mais fácil manter a atenção plena no presente e direcionar a energia mental para objetivos concretos. Essa clareza é fundamental para definir metas, traçar estratégias e persistir nos projetos com disciplina. Com foco aprimorado, as decisões tornam-se mais assertivas, e o caminho para a prosperidade se apresenta com mais nitidez.

Outro aspecto essencial da meditação é a elevação da vibração energética. Ao entrar em estados profundos de serenidade, a frequência vibracional do corpo e da mente se eleva, atraindo experiências e pessoas alinhadas com a energia da prosperidade. Quanto mais elevada for essa vibração, mais fácil se torna materializar objetivos. Esse estado de alta frequência cria um campo magnético poderoso, onde pensamentos positivos e intenções claras fluem em direção à concretização dos sonhos.

Além disso, a prática meditativa libera o fluxo criativo. No silêncio interior, novas ideias e soluções inovadoras surgem naturalmente, favorecendo a criação de projetos e o desenvolvimento de estratégias que impulsionam o sucesso. Essa criatividade não se limita a atividades artísticas, mas se estende à resolução de problemas e à identificação de caminhos inexplorados. A mente aberta e tranquila é solo fértil para a inovação, fator essencial para alcançar prosperidade.

A meditação também aprofunda a conexão com a intuição. Esse guia interno, muitas vezes abafado pelo barulho dos pensamentos, torna-se mais acessível quando a mente está calma. Decisões importantes passam a ser tomadas com mais segurança, pois a intuição aponta o caminho mais alinhado com os objetivos. A confiança nos próprios instintos fortalece a tomada de decisões e abre espaço para reconhecer oportunidades antes invisíveis.

No aspecto físico, a meditação promove saúde e vitalidade. Estudos comprovam que a prática regular reduz a pressão arterial, melhora a circulação sanguínea e fortalece o sistema imunológico. Um corpo saudável sustenta uma mente equilibrada, e essa harmonia integral cria o alicerce ideal para que a energia da abundância flua sem bloqueios. Cuidar do bem-estar físico e mental é essencial para manter o equilíbrio necessário para prosperar.

Diversas técnicas de meditação podem ser incorporadas para atrair abundância. A Meditação da Gratidão é uma das mais eficazes. Em um ambiente tranquilo, basta fechar os olhos e concentrar-se na respiração. Aos poucos, traga à mente pessoas, situações e conquistas pelas quais você é grato. Sinta a gratidão expandir-se, envolvendo todo o seu ser como uma luz suave. Essa energia cria um ciclo de reconhecimento e atração de novas bênçãos.

Outra prática poderosa é a Meditação da Visualização. Nela, visualizamos com detalhes os objetivos já realizados. Imagine-se vivendo a vida que deseja, sinta as emoções de satisfação e veja os ambientes ao seu redor. Quanto mais vívida for a visualização, mais forte será o vínculo com a frequência da abundância. Essa técnica inspira ações concretas e direcionadas para materializar sonhos.

A Meditação com Afirmações também potencializa a conexão com a prosperidade. Escolha frases como "Eu sou merecedor de uma vida próspera" ou "A abundância flui livremente para mim" e repita-as com convicção. Sentir o poder de cada palavra é essencial para dissolver crenças limitantes e criar novas programações mentais. A repetição constante dessas afirmações reforça a autoconfiança e fortalece o caminho para o sucesso.

Para quem busca orientação, a Meditação Guiada é uma excelente opção. Guiada por uma voz suave e acompanhada por músicas relaxantes, essa prática conduz a estados profundos de relaxamento e conexão. Durante a meditação, somos convidados a visualizar cenários de sucesso, paz e prosperidade. Esse processo auxilia a mente subconsciente a absorver as intenções de abundância e a manifestá-las na realidade.

A Meditação com Mantras também é eficaz para elevar a vibração energética. Sentado confortavelmente, escolha um mantra poderoso, como "Om Shreem Maha Lakshmiyei Namaha" ou "Eu sou abundância". Inspire profundamente e entoe o mantra, sentindo sua vibração percorrer o corpo. A repetição cria um fluxo de energia que dissolve bloqueios e fortalece a sintonia com a prosperidade.

Para que a meditação seja eficaz, é importante criar um ambiente propício. Escolha um local tranquilo, onde possa relaxar sem interrupções. Um canto especial da casa, decorado com velas, almofadas e aromas suaves, torna-se um espaço sagrado para a prática. Adotar uma postura confortável, com a coluna ereta e o corpo relaxado, facilita o fluxo de energia. Concentre-se na respiração, observando o ar entrar e sair naturalmente, e permita que pensamentos passem sem apego ou julgamento.

É essencial cultivar paciência e persistência. A meditação é uma jornada contínua de autoconhecimento e transformação. Não há necessidade de pressa ou cobrança. Cada prática, por mais breve que seja, contribui para fortalecer a conexão com a abundância. A constância transforma pequenos momentos de silêncio em uma poderosa alavanca para uma vida plena.

Incorporar a meditação na rotina diária transforma não apenas a mente, mas também a forma como enxergamos o mundo. Esse processo silencioso fortalece a autoconfiança e dissolve resistências internas. A cada respiração consciente, aproximamo-nos da compreensão de que a prosperidade começa dentro de nós e se reflete em cada escolha e ação. Esse equilíbrio entre corpo, mente e espírito cria o terreno fértil para a materialização dos nossos sonhos.

Ao persistir na prática meditativa, você constrói uma realidade baseada em abundância, onde desejos se transformam em conquistas e desafios são oportunidades de aprendizado. A meditação, portanto, não é apenas um refúgio, mas uma fonte inesgotável de força e inspiração para viver com propósito, equilíbrio e realização.

Ao incorporar a meditação como um hábito diário, você gradualmente transforma sua percepção sobre si mesmo e o mundo ao seu redor. Esse processo silencioso e profundo fortalece a confiança interior e dissolve resistências que antes pareciam intransponíveis. A cada respiração consciente, você se aproxima de uma realidade onde a abundância não é apenas um ideal distante, mas uma expressão natural da sua essência. Com a mente aberta e o coração receptivo, você passa a reconhecer que a prosperidade começa de dentro para fora, refletindo-se em cada aspecto da sua vida.

Essa jornada de autoconhecimento revela que a abundância está diretamente ligada ao equilíbrio entre corpo, mente e espírito. Quando você cuida do seu bem-estar integral, cria um terreno fértil para que ideias floresçam, decisões sejam tomadas com sabedoria e oportunidades sejam acolhidas com confiança. A meditação não apenas acalma a mente, mas também expande a consciência, permitindo que você compreenda que é merecedor de todas as formas de prosperidade. Esse estado de harmonia interior impulsiona suas ações, tornando o caminho para o sucesso mais claro e acessível.

Assim, ao persistir na prática meditativa e nutrir pensamentos positivos, você constrói uma realidade pautada na abundância e na plenitude. Cada momento de silêncio torna-se uma oportunidade de alinhamento com o fluxo natural do universo, onde sonhos se transformam em conquistas e desafios se convertem em aprendizado. A meditação, portanto, não é apenas um refúgio, mas uma fonte inesgotável de força, clareza e inspiração para viver de forma abundante e significativa.

Capítulo 17
Mantras Poderosos

Os mantras são instrumentos poderosos de transformação que canalizam energias positivas e elevam a frequência vibracional de quem os pratica. Cada som, palavra ou frase em sânscrito carrega uma carga energética específica, capaz de influenciar profundamente o corpo, a mente e o espírito. A prática regular desses cânticos sagrados estabelece uma conexão direta com forças universais, ativando centros energéticos internos e desbloqueando caminhos para o bem-estar e a prosperidade. A vibração gerada por um mantra atua de forma sutil e eficaz, harmonizando pensamentos, emoções e intenções, criando um ambiente propício para a manifestação de desejos e metas. Assim, o uso consciente e dedicado dos mantras se torna uma ponte entre o mundo interior e as oportunidades externas, promovendo equilíbrio, clareza e transformação pessoal.

Ao entoar um mantra com atenção plena, a mente se aquieta e a energia vital flui com mais liberdade, dissolvendo barreiras internas e externas. Essa prática não exige apenas repetição mecânica, mas sim a presença total e a intenção clara de alinhar-se com o propósito desejado. A vibração sonora gerada ressoa profundamente no corpo, estimulando centros de energia, como os chakras, e promovendo uma sensação de paz e expansão. Essa experiência não só acalma o fluxo mental, mas também desperta um estado de receptividade e abertura para novas possibilidades, atraindo oportunidades, pessoas e circunstâncias que vibram na mesma frequência da intenção cultivada. Dessa forma, os mantras transformam-se em aliados essenciais para quem busca crescimento pessoal, equilíbrio emocional e abundância em todas as áreas da vida.

Integrar a prática de mantras à rotina diária é uma maneira eficaz de reforçar a conexão com o próprio poder interior e com as forças universais. Escolher conscientemente o mantra que mais ressoa com seus objetivos amplia a força da intenção e potencializa os resultados. A regularidade na entoação e a devoção sincera intensificam a energia emanada, criando uma base sólida para a manifestação de sonhos e projetos. Assim, cada palavra recitada se transforma em uma semente vibracional plantada no campo energético, pronta para florescer em forma de realizações concretas. Esse processo contínuo de alinhamento e expansão fortalece a autoconfiança e cultiva uma sensação duradoura de paz, prosperidade e realização pessoal.

Imagine um mantra como uma chave capaz de abrir portas invisíveis, permitindo que a energia do universo flua livremente em sua vida. Cada som sagrado carrega uma vibração única que ressoa com aspectos distintos da existência, ativando centros energéticos, acalmando a mente e criando caminhos para a realização de sonhos. Assim como uma melodia pode tocar profundamente a alma, um mantra entoado com intenção clara e presença total atua como um guia silencioso, conduzindo você a estados mais elevados de consciência e alinhando sua energia com a frequência da abundância.

A prática constante de mantras é uma forma eficaz de elevar a vibração pessoal. Quando repetimos sons sagrados com devoção, criamos uma ressonância energética capaz de harmonizar corpo, mente e espírito. Esse alinhamento fortalece a conexão com forças superiores e nos coloca em sintonia com oportunidades, pessoas e circunstâncias que vibram na mesma frequência de nossos desejos. Assim, entoar mantras não é apenas um exercício vocal, mas uma prática de profunda transformação interior que expande nossa percepção e nos torna receptivos à prosperidade.

Entre os mantras mais poderosos para atrair abundância está o Om Gam Ganapataye Namaha, uma invocação à energia de Ganesha, o removedor de obstáculos. Esse mantra fortalece a capacidade de superar desafios, desbloquear caminhos e criar um ambiente favorável para o sucesso. Ao entoá-lo com fé, abre-se espaço para novas oportunidades e realizações, permitindo que a energia flua com mais liberdade nos projetos pessoais e profissionais.

Outro mantra essencial é o Om Shrim Maha Lakshmyai Namaha, que conecta diretamente à deusa Lakshmi, símbolo de prosperidade e abundância. Sua repetição constante não apenas atrai riqueza material, mas também promove equilíbrio financeiro e bem-estar. Esse mantra cultiva uma energia de plenitude, onde a sorte e a harmonia fluem naturalmente, preenchendo a vida com prosperidade em diversos níveis.

Para quem busca fertilidade criativa e crescimento em diversas áreas, o Om Vasudhare Svaha é uma poderosa conexão com a deusa Vasudhara. Esse mantra estimula a expansão de ideias e projetos, fertilizando o terreno para o florescimento de novas oportunidades. Sua prática regular promove abundância material, equilíbrio espiritual e inovação, criando condições ideais para a concretização de metas.

Já o Om Kubera Lakshmi Namah une as forças de Kubera, deus da riqueza, e Lakshmi, deusa da prosperidade, potencializando a atração de ganhos materiais e sucesso nos negócios. Ao recitar esse mantra, desbloqueiam-se fluxos financeiros, amplia-se a visão estratégica e fortalece-se a base econômica, criando estabilidade e crescimento contínuo.

O Om Namah Shivaya é um dos mantras mais poderosos para transformação pessoal. Reverenciando Shiva, o deus da destruição e renovação, ele dissolve bloqueios mentais e emocionais, libertando a energia vital. Sua prática incentiva a coragem para mudanças e abre espaço para a abundância fluir de maneira livre e natural, promovendo evolução espiritual e realização pessoal.

Para usufruir plenamente dos benefícios desses mantras, é fundamental praticá-los com presença e intenção. O primeiro passo é escolher o mantra que mais ressoa com seus objetivos. Deixe que sua intuição guie essa escolha, sentindo qual som desperta uma conexão genuína com o que deseja manifestar. Em seguida, encontre um ambiente tranquilo, livre de distrações, onde possa se acomodar confortavelmente. Preparar esse espaço com velas, incensos ou objetos simbólicos pode ajudar a criar uma atmosfera de concentração e harmonia.

Antes de iniciar a repetição, concentre-se na respiração. Inspire profundamente pelo nariz e expire lentamente pela boca, permitindo que o corpo relaxe e a mente se aquiete. Essa preparação respiratória é essencial para conectar-se verdadeiramente com a vibração do mantra. Comece a entoá-lo em voz alta, em sussurro ou mentalmente, sentindo a ressonância de cada som preencher o seu ser. Um japamala (rosário de 108 contas) pode ser utilizado para acompanhar as repetições e manter o foco.

Enquanto recita, visualize seus objetivos já concretizados. Imagine os detalhes, sinta as emoções da realização e permita que essa visualização envolva todo o seu campo energético. Quanto mais vívida for essa experiência, mais poderosa será a manifestação. Deixe que a vibração do mantra percorra seu corpo, expandindo-se e harmonizando suas energias, criando uma conexão profunda com o fluxo universal da prosperidade.

A prática constante é fundamental. Incorporar os mantras na rotina diária fortalece a conexão com a energia invocada. A repetição regular intensifica os efeitos, criando um campo vibracional sólido e duradouro. Seja pela manhã, para iniciar o dia com foco e clareza, ou antes de dormir, para acalmar a mente e programar o subconsciente, a constância traz resultados mais profundos e eficazes.

Algumas dicas podem potencializar ainda mais essa prática. Pronunciar corretamente cada sílaba do mantra é essencial, pois cada som carrega uma vibração específica. Buscar orientações em gravações autênticas ou fontes confiáveis garante que a energia do mantra seja ativada plenamente. Além disso, a intenção é o alicerce da prática. Concentre-se profundamente no propósito que deseja alcançar, canalizando pensamentos e emoções para esse objetivo.

A concentração plena durante a entoação mantém a mente focada, afastando distrações. Esse estado meditativo profundo fortalece a conexão espiritual e potencializa os benefícios do mantra. A devoção verdadeira, realizada com respeito e gratidão, intensifica essa ligação com as energias sagradas. Cada repetição torna-se uma oferta de fé, aprofundando a experiência espiritual.

Com o tempo, a prática dedicada dos mantras se transforma em um caminho de autoconhecimento e expansão da consciência. A repetição constante não só fortalece a conexão com energias superiores, mas também revela potenciais ocultos, despertando talentos adormecidos. Esse processo gradual dissolve padrões limitantes, permitindo uma visão mais positiva e ampla da vida. Os mantras deixam de ser apenas ferramentas de manifestação e se tornam instrumentos de evolução espiritual e equilíbrio emocional.

Além disso, a jornada com os mantras ensina a importância da paciência e da entrega. Nem sempre os resultados são imediatos, mas cada repetição planta uma semente que cresce silenciosamente. A prática contínua desenvolve a confiança no fluxo da vida, permitindo que desafios sejam vistos como oportunidades de aprendizado. Essa entrega consciente abre espaço para sincronicidades, onde eventos se alinham perfeitamente com desejos e metas, reforçando a fé no poder das palavras sagradas.

Ao integrar os mantras à rotina, cria-se um ciclo contínuo de renovação e equilíbrio. Cada som entoado reverbera não só no corpo e na mente, mas também transforma o ambiente, tornando-o mais leve, harmonioso e próspero. Assim, os mantras se consolidam como aliados poderosos na jornada de transformação pessoal, guiando o praticante rumo a uma vida mais consciente, realizada e em perfeita harmonia com o universo.

Com o tempo, a prática dedicada dos mantras se transforma em um verdadeiro caminho de autoconhecimento e expansão da consciência. A repetição constante não apenas fortalece a conexão com energias superiores, mas também aprofunda a compreensão de si mesmo, revelando potenciais ocultos e despertando talentos adormecidos. Esse processo gradual permite que o praticante se liberte de padrões limitantes e desenvolva uma visão mais ampla e positiva da vida, alinhando-se com o fluxo natural do universo. Assim, os mantras tornam-se não só ferramentas de manifestação, mas também instrumentos de evolução espiritual e equilíbrio emocional.

Além disso, a jornada com os mantras ensina a importância da paciência e da entrega. Nem sempre os resultados são imediatos, mas cada repetição planta uma semente que cresce silenciosamente, moldando a realidade de acordo com a intenção semeada. A prática contínua traz uma sensação de confiança no processo da vida, permitindo que o praticante acolha os desafios como oportunidades de crescimento. Essa entrega consciente abre espaço para a sincronicidade, onde acontecimentos aparentemente aleatórios se alinham perfeitamente com os desejos e metas cultivados, reforçando a fé no poder das palavras sagradas.

Ao integrar os mantras como parte essencial da rotina, cria-se um ciclo constante de renovação e equilíbrio. Cada som entoado reverbera não só no corpo e na mente, mas também no ambiente ao redor, transformando o cotidiano em um espaço mais leve, harmonioso e próspero. Essa prática contínua estabelece uma base sólida para a construção de uma vida plena, onde a abundância flui naturalmente e os desafios são enfrentados com sabedoria e serenidade. Assim, os mantras se consolidam como aliados poderosos na jornada de transformação pessoal, guiando o praticante rumo a uma existência mais consciente, realizada e em perfeita harmonia com o universo.

Capítulo 18
Mudras Sagradas

Mudras são gestos poderosos com as mãos que atuam diretamente na harmonização da energia vital (prana), promovendo equilíbrio físico, mental e espiritual. Sua prática milenar em tradições como o yoga e a meditação revela um profundo conhecimento sobre a conexão entre corpo e energia, sendo capazes de desbloquear fluxos energéticos, ativar chakras e potencializar estados de bem-estar e abundância. Cada gesto carrega um significado específico, funcionando como um canal direto para manifestar prosperidade, saúde, amor e paz interior. Ao praticar mudras com intenção clara e consciência plena, cria-se uma ponte entre o mundo interno e as forças universais, permitindo que a energia flua livremente e alinhe o ser com seus objetivos mais profundos.

As mãos, quando posicionadas de maneira precisa nos mudras, tornam-se instrumentos eficazes para direcionar e amplificar a energia sutil que circula pelo corpo. Esse processo fortalece a conexão com a própria essência e com o campo energético ao redor, dissolvendo bloqueios e despertando potenciais latentes. A prática regular dos mudras não apenas nutre a vitalidade física, mas também expande a percepção emocional e espiritual, criando uma base sólida para transformar pensamentos e sentimentos em ações concretas. Essa integração harmoniosa entre intenção e energia potencializa a manifestação de resultados positivos, permitindo a construção de uma realidade mais equilibrada e próspera.

Ao adotar os mudras como parte da rotina diária, estabelece-se um caminho contínuo de autoconhecimento e fortalecimento interior. O simples ato de posicionar os dedos de forma consciente ativa centros de energia que sustentam a saúde, o equilíbrio emocional e a clareza mental. Assim, cada gesto se torna uma ferramenta prática para reconectar-se com a abundância natural do universo, promovendo uma vida mais plena e alinhada com propósitos elevados.

Imagine suas mãos como canais de energia, capazes de captar e direcionar forças sutis que circulam pelo corpo e pelo universo. Quando formamos mudras com consciência e intenção, esses gestos se transformam em poderosas ferramentas de conexão entre o mundo interno e o fluxo universal de abundância, saúde, amor e paz. Cada posição dos dedos é como um circuito que se fecha, conduzindo o prana — a energia vital — para áreas específicas do corpo e da mente, despertando potenciais latentes e dissolvendo bloqueios energéticos.

Na prática do yoga e da meditação, os mudras são utilizados para equilibrar os chakras e regular o fluxo do prana, criando harmonia física, mental e espiritual. Ao ativar esses centros energéticos, removem-se tensões internas e abre-se espaço para que a energia da abundância flua livremente. Esse equilíbrio entre corpo, mente e espírito estabelece uma base sólida para a manifestação de prosperidade e bem-estar em todas as áreas da vida. Assim, os mudras não são apenas gestos simbólicos, mas instrumentos práticos para alinhar-se com o fluxo natural do universo.

Entre os mudras mais eficazes para atrair abundância, destaca-se o Kubera Mudra, inspirado em Kubera, o deus hindu da riqueza e da prosperidade. Esse gesto é simples, mas poderoso: une-se as pontas do polegar, indicador e dedo médio, enquanto os dedos anelar e mínimo permanecem dobrados em direção à palma. Essa posição ativa o chakra do plexo solar, responsável pelo poder pessoal e pela autoconfiança, concentrando a intenção e direcionando a energia para a concretização de objetivos materiais. Com prática regular, o Kubera Mudra fortalece a determinação e atrai oportunidades de sucesso.

Outro gesto de grande poder é o Lakshmi Mudra, que invoca a energia da deusa Lakshmi, símbolo de abundância e prosperidade. Para realizá-lo, posicione as mãos com as palmas voltadas para cima e una as pontas dos polegares, mantendo os outros dedos estendidos e relaxados. Esse gesto ativa o chakra cardíaco, expandindo sentimentos de amor, gratidão e compaixão. A abertura do coração cria um fluxo contínuo de energia positiva, facilitando a recepção de prosperidade material e emocional. O Lakshmi Mudra não apenas atrai riquezas externas, mas também nutre o bem-estar interior.

O Varuna Mudra é ideal para quem busca desbloquear emoções reprimidas e estimular a criatividade. Dedicado a Varuna, o deus da água, este mudra equilibra o elemento água no corpo e ativa o chakra sacral, ligado à fluidez emocional e à expressão criativa. Para praticá-lo, basta unir a ponta do dedo mínimo com a ponta do polegar, deixando os demais dedos relaxados. Esse gesto promove a liberação de sentimentos acumulados, trazendo leveza e adaptabilidade diante das mudanças, o que facilita o fluxo natural da abundância em diferentes áreas da vida.

Já o Prithvi Mudra é um gesto que fortalece a estabilidade e o enraizamento, essenciais para atrair prosperidade duradoura. Inspirado em Prithvi, a deusa da terra, ele ativa o chakra raiz, responsável pela segurança e pela conexão com o mundo físico. Para realizá-lo, una a ponta do dedo anelar com a ponta do polegar, mantendo os demais dedos estendidos. Esse gesto aumenta a sensação de firmeza, equilibra o corpo físico e mental e reforça a confiança, criando uma base sólida para o crescimento material e espiritual.

Para purificação energética e renovação, o Apana Mudra é uma poderosa ferramenta. Ele auxilia na eliminação de toxinas físicas e emocionais, limpando bloqueios que impedem o fluxo livre da energia vital. Para realizá-lo, una as pontas do polegar, dedo médio e dedo anelar, deixando o indicador e o dedo mínimo estendidos. Esse gesto ativa o processo natural de desintoxicação, abrindo espaço para a renovação e facilitando a manifestação de novos ciclos de abundância e equilíbrio.

Para potencializar os efeitos dos mudras, é importante praticá-los de forma consciente. Comece escolhendo o mudra que mais ressoa com seus objetivos. Confie na sua intuição para identificar qual gesto se alinha com seus desejos, seja atrair prosperidade, alcançar equilíbrio emocional ou promover a cura. Após essa escolha, encontre um ambiente calmo, livre de distrações, onde você possa se sentar ou permanecer confortável. Um local tranquilo, harmonizado com velas, aromas ou luz suave, ajuda a criar uma atmosfera propícia para a prática.

Concentre-se na respiração. Inspire profundamente, sentindo o ar preencher seu corpo, e expire lentamente, liberando tensões. A respiração consciente relaxa o corpo e acalma a mente, criando o estado ideal para absorver plenamente os benefícios do mudra. Com o corpo relaxado, forme o gesto escolhido, posicionando os dedos com precisão. Mantenha a postura ereta, mas sem rigidez, permitindo que a energia flua livremente.

Enquanto mantém o mudra, visualize seus objetivos já concretizados. Imagine os detalhes com clareza, sinta a emoção de ter alcançado aquilo que deseja. Essa visualização fortalece a conexão entre sua intenção e a energia que você está canalizando. Perceba as sensações que surgem: calor, formigamento ou leveza nas mãos e no corpo. Essas percepções indicam que o fluxo energético foi ativado. Permita que essa vibração positiva se expanda, harmonizando seu campo energético.

A prática regular dos mudras potencializa seus efeitos. Dedique alguns minutos diários para essa conexão. A constância fortalece o alinhamento energético e intensifica os resultados desejados. Incorporar os mudras na rotina diária cria um ciclo de renovação e equilíbrio, sustentando a harmonia entre corpo, mente e espírito.

Algumas práticas podem aprofundar ainda mais a experiência. Defina uma intenção clara antes de iniciar. Saiba exatamente o que deseja atrair, seja prosperidade, paz ou equilíbrio. Direcione toda a sua atenção ao gesto e à respiração, afastando pensamentos dispersos. Mantenha-se relaxado, sem tensões musculares, e sincronize a prática com uma respiração profunda e consciente. Observe as sensações durante o exercício e confie nesse fluxo natural de energia.

Com o tempo, a prática contínua dos mudras revela seu poder transformador. Cada gesto consciente amplia a conexão com o fluxo universal, permitindo que a abundância e o equilíbrio fluam de maneira natural no dia a dia. Esse processo desperta potenciais adormecidos e dissolve bloqueios que impediam o crescimento. A energia antes dispersa passa a ser canalizada com clareza e propósito, criando condições para uma vida mais plena e alinhada com os verdadeiros desejos da alma.

Assim, os mudras se tornam aliados silenciosos, mas profundamente eficazes, na jornada de autoconhecimento e evolução. Incorporá-los à rotina é abrir-se para um fluxo constante de equilíbrio, cura e prosperidade. Que cada gesto seja um convite para mergulhar mais fundo em si mesmo, despertando o poder interior e permitindo que a energia do universo flua livremente, conduzindo você a uma existência repleta de propósito, harmonia e realização.

Com a prática contínua dos mudras, torna-se evidente que esses gestos simples carregam uma sabedoria profunda, capaz de transformar não apenas estados emocionais e mentais, mas também a própria realidade ao redor. Cada movimento consciente das mãos fortalece a conexão com o fluxo universal de energia, permitindo que a abundância e o equilíbrio se tornem experiências naturais no cotidiano. A integração dessas práticas à rotina revela caminhos de autodescoberta e empoderamento, onde a harmonia entre intenção e ação manifesta mudanças positivas e duradouras.

Ao reconhecer a força dos mudras como instrumentos de transformação, amplia-se a percepção sobre o próprio poder interior. A energia que antes fluía de forma dispersa passa a ser canalizada com clareza e propósito, despertando potencialidades adormecidas. Essa conexão íntima com a energia vital inspira uma jornada de crescimento constante, onde cada gesto, cada respiração e cada pensamento colaboram para a construção de uma vida mais plena, consciente e alinhada com os verdadeiros desejos da alma.

      Assim, os mudras se revelam como aliados silenciosos, porém poderosos, no caminho da evolução pessoal. Incorporar esses gestos sagrados ao dia a dia é permitir-se acessar uma fonte inesgotável de equilíbrio, cura e prosperidade. Que cada prática seja um convite para mergulhar mais fundo no autoconhecimento, abrindo espaço para que a energia do universo flua livremente e conduza o ser a uma existência repleta de propósito, paz e realização.

Capítulo 19
Dança e Movimento

A dança representa uma expressão autêntica e profunda da essência humana, capaz de desbloquear energias, revitalizar o corpo e conectar a mente ao fluxo natural do universo. Por meio do movimento livre, o corpo se transforma em um canal de expressão que libera tensões acumuladas e promove um estado de equilíbrio físico, emocional e espiritual. Essa conexão íntima com o próprio ritmo e com a música cria um espaço onde a energia vital circula sem impedimentos, proporcionando bem-estar, leveza e plenitude. A dança, assim, transcende o simples ato de se mover, tornando-se uma prática poderosa de autoconhecimento e reconexão com a própria essência, facilitando a manifestação da abundância em diversos aspectos da vida.

Ao permitir que o corpo se mova de forma espontânea, cada gesto se transforma em um ato de liberdade, dissolvendo barreiras emocionais e mentais que limitam o potencial criativo e a capacidade de atrair prosperidade. Esse movimento natural não apenas fortalece a saúde física, mas também abre espaço para sentimentos de alegria, confiança e renovação interior. O fluxo contínuo de energia liberado pela dança revitaliza o organismo, clareia a mente e equilibra as emoções, criando um terreno fértil para o florescimento de novas oportunidades e conquistas. Dessa forma, a dança se apresenta como uma ponte entre o corpo e a mente, alinhando ambos com o ritmo dinâmico da vida.

Incorporar a dança no cotidiano é permitir-se vivenciar plenamente a própria existência, honrando o corpo como instrumento de expressão e manifestação de desejos e intenções. Cada passo e movimento consciente amplia a conexão com o presente e fortalece a confiança nas próprias capacidades, despertando a criatividade e alimentando a vitalidade. Esse envolvimento profundo com a dança não só proporciona momentos de prazer e diversão, mas também contribui diretamente para a construção de uma vida mais abundante, saudável e harmoniosa. Assim, mover-se com liberdade é também mover a energia da vida, atraindo prosperidade e felicidade de forma natural e fluida.

Imagine a dança como um verdadeiro ritual de celebração da vida, onde cada movimento se torna uma homenagem ao corpo, à alma e à energia criativa que pulsa dentro de você. Ao se entregar ao ritmo da música, seu corpo se transforma em um canal aberto para a manifestação da abundância. Cada passo dado, cada giro espontâneo e cada balanço natural são convites para que a prosperidade, a saúde e a felicidade se aproximem, fluindo suavemente para sua existência. Não se trata apenas de mover-se, mas de sentir a dança como uma ponte entre o seu ser interior e as forças sutis do universo, onde a energia vital circula livremente, dissolvendo bloqueios e criando espaço para novas possibilidades.

Nesse contexto, a dança revela-se como uma meditação em movimento. Cada gesto executado de forma espontânea permite que você se conecte profundamente com o momento presente. O estresse acumulado, as tensões diárias e as preocupações que antes pesavam sobre seus ombros se desfazem gradativamente, liberando espaço para uma expressão autêntica e libertadora. O corpo, agora solto e livre, passa a ser o condutor da energia vital, fluindo sem resistência e dissipando obstáculos que antes limitavam o caminho da abundância. Esse estado de presença plena abre portas para uma experiência rica em significado, onde o movimento não é apenas físico, mas também emocional e espiritual.

Ao se permitir dançar com entrega total, você inicia um processo profundo de liberação emocional. A dança se torna um veículo seguro para expressar sentimentos reprimidos, funcionando como uma válvula de escape para emoções que muitas vezes são ignoradas ou guardadas. Rir, chorar ou até mesmo gritar durante a dança são expressões naturais que promovem cura emocional, dissolvendo tensões internas e criando espaço para emoções mais leves e positivas se instalarem. Essa liberdade emocional é essencial para cultivar uma mente equilibrada e um coração aberto, condições fundamentais para a abundância florescer.

Os benefícios físicos da dança são igualmente notáveis. O movimento constante estimula a circulação sanguínea e melhora a oxigenação do corpo, revitalizando o organismo de dentro para fora. Esse fluxo renovado de energia fortalece o sistema imunológico e aumenta a disposição física, tornando o corpo mais resiliente e saudável. A sensação de vitalidade crescente reflete diretamente na forma como você encara a vida, com mais entusiasmo e coragem para enfrentar desafios e abraçar oportunidades.

Além disso, a dança aprofunda a conexão com o próprio corpo. A cada movimento, você se torna mais consciente de suas sensações, ritmos e limites, desenvolvendo uma percepção corporal aguçada. Esse autoconhecimento físico não só fortalece a relação com a sua essência, mas também cria uma base sólida para a autoconfiança. Sentir-se confortável em seu próprio corpo é um passo crucial para aceitar quem você é, valorizando suas singularidades e reconhecendo seu próprio valor. Essa autoestima reforçada reflete-se em uma postura mais positiva diante da vida, influenciando diretamente as relações interpessoais e a forma como você lida com o mundo ao seu redor.

A dança também é uma poderosa fonte de criatividade. Movimentos livres e espontâneos rompem com padrões rígidos, estimulando o surgimento de novas ideias e soluções criativas. Esse fluxo criativo não se limita apenas ao corpo, mas se estende para diversas áreas da vida, potencializando a intuição e a capacidade de enfrentar desafios de forma inovadora. Cada improviso na dança é um reflexo da habilidade de adaptar-se e encontrar novos caminhos, habilidades valiosas para alcançar prosperidade em todas as esferas da existência.

Outro impacto significativo da dança é a redução do estresse. O simples ato de mover-se ao som da música estimula a liberação de endorfinas, hormônios responsáveis pela sensação de prazer e bem-estar. Essa resposta química natural alivia tensões, diminui a ansiedade e promove um estado de calma interior. Ao integrar essa prática regularmente, você cria uma base emocional mais estável e resiliente, que favorece o equilíbrio necessário para atrair e sustentar a abundância em sua vida.

A leveza e a espontaneidade despertadas pela dança também fortalecem a conexão com a alegria genuína. Movimentos despretensiosos e livres despertam sentimentos de diversão e contentamento, elevando sua vibração energética. Esse estado elevado de vibração atua como um ímã para experiências positivas, aproximando prosperidade, saúde e felicidade. A alegria sentida durante a dança ressoa além do momento presente, influenciando sua atitude perante a vida e abrindo portas para novas oportunidades.

Para aproveitar plenamente esses benefícios, é essencial criar um ambiente propício para dançar. Escolha um espaço confortável e tranquilo, onde você possa se mover livremente e sem distrações. Um ambiente harmonioso, com luz suave, aromas agradáveis e elementos inspiradores, como plantas ou objetos significativos, contribui para que sua energia flua naturalmente. Esse espaço seguro e acolhedor facilita a conexão com o momento presente, permitindo que você mergulhe por completo na experiência.

A música desempenha um papel fundamental nesse processo. Selecione melodias que evoquem emoções positivas e tragam leveza ao seu coração. Seja uma música suave, sons da natureza ou ritmos vibrantes, o importante é que o som ressoe com sua energia naquele momento. Fechar os olhos enquanto dança pode aprofundar ainda mais essa conexão, eliminando distrações e permitindo que cada nota e batida conduzam seus movimentos de forma autêntica.

Permita que seu corpo responda naturalmente à música, sem se preocupar com passos corretos ou ritmo. Movimentos suaves ou intensos devem surgir de maneira espontânea, respeitando seu próprio tempo e desejos. Essa liberdade corporal dissolve bloqueios internos e cria um fluxo contínuo de energia, abrindo espaço para a abundância se manifestar. Se surgir vontade de expressar emoções intensas, como rir ou chorar, acolha esses sentimentos sem restrições. Essa entrega emocional fortalece a cura interna e amplia a capacidade de sentir leveza e positividade.

Enquanto dança, visualize seus objetivos já realizados. Imagine com detalhes as conquistas que deseja alcançar, sentindo a satisfação e a alegria de já ter esses desejos concretizados. Essa prática de visualização, alinhada ao movimento, potencializa a conexão com a energia da abundância, orientando pensamentos, emoções e ações na direção dos seus sonhos.

Ao final da dança, dedique um momento para agradecer. Reconheça as conquistas que já fazem parte da sua vida e expresse gratidão pelas oportunidades que estão por vir. Esse gesto simples fortalece sua vibração positiva e mantém aberta a conexão com a prosperidade. A gratidão é uma chave poderosa que amplia a capacidade de atrair e sustentar a abundância.

Liberte-se de julgamentos e abrace a dança como uma forma genuína de expressão. Não busque a perfeição ou a técnica ideal. Apenas mova-se, sinta a música e permita que cada gesto revele quem você é. Celebre cada movimento como um ato de liberdade, diversão e conexão com a vida. Nesse fluxo natural, a dança se torna uma aliada poderosa na jornada para uma existência plena, abundante e cheia de propósito.

Ao integrar a dança como parte natural da sua rotina, você cultiva uma relação mais íntima com o próprio corpo e com a energia que o move. Esse compromisso consigo mesmo não exige grandes performances ou técnicas elaboradas, mas sim autenticidade e entrega ao momento. Pequenos gestos diários, como balançar o corpo ao som de uma música suave ou permitir movimentos espontâneos enquanto realiza tarefas simples, já são suficientes para manter o fluxo energético ativo. Essa prática constante fortalece a conexão com a vitalidade interior, permitindo que a abundância se manifeste de forma orgânica em todos os aspectos da vida.

Com o tempo, essa expressão corporal espontânea transforma não apenas o corpo, mas também a percepção sobre desafios e oportunidades. A mente torna-se mais leve e aberta, favorecendo decisões mais criativas e alinhadas com os verdadeiros desejos. A autoconfiança ganha novas dimensões, impulsionando a busca por experiências enriquecedoras e relações mais autênticas. A dança, nesse contexto, deixa de ser um simples ato físico e se torna um verdadeiro diálogo entre o ser e o universo, onde cada movimento é um convite para que a prosperidade e a harmonia se estabeleçam com naturalidade.

Assim, ao se permitir dançar livremente, você ativa um ciclo positivo de renovação e crescimento. A fluidez dos movimentos simboliza a flexibilidade diante da vida, ensinando a importância de se adaptar e fluir com as mudanças. Nesse ritmo contínuo entre corpo, mente e espírito, a dança revela-se como um caminho poderoso para despertar o potencial ilimitado que existe dentro de cada um. E é nesse compasso de liberdade e conexão que a abundância encontra espaço para florescer, guiando você a uma jornada plena de equilíbrio, saúde e realização.

Capítulo 20
Banhos Energéticos

Os banhos energéticos exercem um papel fundamental na harmonização do corpo, mente e espírito, funcionando como uma poderosa ferramenta de limpeza e revitalização energética. Assim como o corpo físico necessita de cuidados regulares para manter-se saudável, o campo energético também demanda práticas que promovam equilíbrio e bem-estar. Por meio da combinação de elementos naturais, como ervas, flores e cristais, esses banhos atuam diretamente na remoção de cargas negativas, dissipando bloqueios emocionais e espirituais. Ao integrar esses rituais ao cotidiano, torna-se possível liberar energias estagnadas e abrir espaço para uma circulação fluida de vibrações positivas, criando um ambiente interno favorável para o crescimento pessoal e espiritual.

Cada ingrediente utilizado nos banhos energéticos carrega propriedades únicas que potencializam o processo de purificação e atração de boas energias. Plantas como arruda, alecrim e manjericão são reconhecidas por suas capacidades de proteção e limpeza, enquanto elementos como o louro, a canela e o mel atuam diretamente na atração de prosperidade e abundância. A escolha consciente desses componentes, aliada à intenção clara durante o preparo e aplicação do banho, intensifica o efeito desejado. Assim, esses rituais não apenas limpam a aura, mas também alinham os chakras e fortalecem o campo vibracional, criando uma barreira protetora contra influências externas negativas.

Incorporar os banhos energéticos à rotina é uma forma eficaz de restaurar o equilíbrio emocional, aumentar a vitalidade e fortalecer a conexão com a energia vital do universo. Ao permitir que a água impregnada de propriedades naturais percorra o corpo, ocorre uma renovação profunda que vai além do aspecto físico, influenciando diretamente a mente e o espírito. Esse processo de purificação não só promove a sensação de leveza e bem-estar, mas também potencializa a capacidade de atrair oportunidades, saúde e felicidade. Estar em sintonia com essas práticas significa abrir caminho para uma vida mais plena, abundante e alinhada com as forças positivas que cercam o cotidiano.

Imagine-se em meio à natureza, diante de uma cachoeira de águas cristalinas que desce em fluxo contínuo, tocando suavemente sua pele. A água fria e pura percorre cada parte do seu corpo, levando embora impurezas físicas e emocionais, enquanto uma sensação de renovação toma conta de você. Assim como esse banho natural, os banhos energéticos atuam profundamente na purificação da aura, equilibrando os chakras e restabelecendo a conexão com a energia vital da natureza. Cada gota de água, impregnada com as propriedades curativas das plantas, flores e cristais, atua como um canal de limpeza e revitalização, dissolvendo bloqueios e abrindo espaço para a energia positiva fluir livremente.

A aura, esse campo energético sutil que envolve o corpo físico, absorve diariamente influências externas. Emoções negativas, pensamentos densos e vibrações de ambientes carregados podem se acumular, criando um peso invisível que afeta o bem-estar. Os banhos energéticos têm a capacidade de remover essas camadas densas, limpando e harmonizando a aura. Ao permitir que a água misturada com elementos naturais percorra a pele, há uma liberação das tensões acumuladas, promovendo proteção e equilíbrio energético. Esse processo não só alivia o cansaço físico, mas também proporciona leveza emocional e clareza mental.

A purificação promovida por esses banhos impacta diretamente a forma como a abundância se manifesta na vida. Quando o campo vibracional está limpo e equilibrado, torna-se mais fácil atrair prosperidade, saúde e felicidade. Ingredientes como o sal grosso e a arruda dissolvem energias negativas, enquanto elementos como o louro e o mel atraem sorte e prosperidade. A combinação desses componentes, somada à intenção clara durante o ritual, cria um ambiente interno propício para receber oportunidades e viver de forma mais plena.

Além da limpeza energética, esses banhos promovem um profundo equilíbrio emocional. A água morna carregada com ervas e flores envolve o corpo, acalmando a mente e o coração. Sentimentos como raiva, tristeza ou ansiedade encontram uma válvula de escape nesse ritual de autocuidado. Ingredientes como camomila e lavanda transmitem serenidade, proporcionando alívio e restaurando a paz interior. Esse equilíbrio emocional não apenas traz conforto, mas também prepara o terreno para enfrentar desafios com mais clareza e leveza.

A vitalidade também é intensificada por meio dos banhos energéticos. O cansaço físico e mental se dissolve ao contato com a água carregada de propriedades revigorantes. Plantas como alecrim e hortelã despertam o vigor interior, aumentando a disposição e a energia para o dia a dia. Essa renovação energética fortalece o corpo e a mente, permitindo um desempenho mais eficiente em todas as áreas da vida. A disposição renovada abre espaço para produtividade, criatividade e crescimento pessoal e profissional.

Os banhos energéticos também oferecem uma poderosa proteção contra influências externas negativas. Ingredientes como a arruda e o sal grosso criam uma barreira sutil, mas eficaz, ao redor da aura, funcionando como um escudo contra inveja, mau-olhado e ambientes carregados. Essa blindagem energética impede que vibrações nocivas interfiram no seu equilíbrio, permitindo que sua vibração permaneça elevada. Esse estado de proteção contínua mantém a mente focada e o coração tranquilo, essenciais para seguir firme nos próprios objetivos.

Outro benefício notável é o fortalecimento da intuição. A limpeza energética desfaz bloqueios mentais e emocionais, clareando a percepção e ampliando a conexão com a sabedoria interior. Ingredientes como a rosa branca e a camomila despertam a sensibilidade e favorecem a escuta da própria intuição. Com a mente livre de ruídos e interferências, torna-se mais fácil tomar decisões acertadas e seguir caminhos alinhados com seus desejos mais profundos. Essa clareza intuitiva guia escolhas mais sábias e eficazes, potencializando o alcance de objetivos.

Para quem busca atrair prosperidade, um banho energético com folhas de louro, manjericão, canela em pau e mel é especialmente eficaz. O louro simboliza sucesso e vitória, o manjericão protege e equilibra, a canela intensifica a atração de boas oportunidades e o mel traz suavidade ao fluxo de conquistas. Esse preparo, quando feito com atenção e intenção, cria uma poderosa sinergia capaz de abrir caminhos para a abundância. Ao despejar essa infusão pelo corpo, imagine cada gota trazendo prosperidade, preenchendo sua vida com oportunidades e realizações.

Já o banho de limpeza energética, com sal grosso, arruda e alecrim, oferece uma purificação profunda. O sal neutraliza cargas densas, a arruda protege contra energias negativas e o alecrim revitaliza e clareia a mente. Esse ritual dissolve bloqueios, renova o campo vibracional e fortalece a proteção energética. Ao realizar esse banho, visualize todas as influências negativas sendo dissolvidas e seu corpo sendo envolvido por uma luz clara e protetora.

Para atrair amor e harmonia, o banho com pétalas de rosa branca, flores de camomila e açúcar cristal é ideal. A rosa branca traz paz e pureza, a camomila promove calma e o açúcar atrai doçura e boas oportunidades. Ao se banhar com essa infusão, imagine-se sendo envolvido por uma energia suave e amorosa, abrindo-se para relações saudáveis e experiências harmoniosas.

A eficácia desses rituais é intensificada quando realizados com plena consciência. Antes de iniciar o banho, é fundamental estabelecer uma intenção clara. Reserve um momento para refletir sobre o que deseja transformar ou atrair para sua vida. Durante o preparo, manuseie os ingredientes com respeito e atenção, reconhecendo a força vital que cada um carrega. Esse cuidado transforma o banho em um ritual sagrado, potencializando seus efeitos.

Durante o banho, permita-se relaxar completamente. Respire profundamente, sentindo cada tensão se dissolver. Visualize a água levando embora tudo o que já não serve e preenchendo seu corpo com luz e energia positiva. Essa prática de visualização é uma ferramenta poderosa que reforça a purificação e a atração de boas vibrações.

Ao final, dedique um momento para agradecer. Reconheça a generosidade da natureza pelos elementos utilizados e pela renovação recebida. Esse gesto de gratidão amplia a conexão com as forças naturais e potencializa o efeito do banho. Agradecer é um ato de reconhecimento que cria um ciclo de troca energética positiva, abrindo ainda mais caminhos para novas bênçãos.

Assim, ao integrar os banhos energéticos como parte de uma rotina consciente, cria-se um poderoso elo entre corpo, mente e espírito. Esses momentos de autocuidado se tornam verdadeiros rituais de reconexão e renovação. Com a prática regular, não apenas o campo energético se mantém limpo e protegido, mas também a mente e o coração se fortalecem diante dos desafios diários. Esse equilíbrio energético promove clareza, serenidade e uma conexão profunda com a própria essência.

Com o tempo, esses rituais passam a ser mais do que práticas esporádicas e se transformam em um estilo de vida. Cada banho é uma oportunidade de diálogo com o universo, um momento de expressar desejos e abrir caminhos para a realização. Nesse fluxo harmonioso, a energia vital circula livremente, permitindo que a paz, o amor, a saúde e a prosperidade floresçam com naturalidade. Assim, cada gota de água consagrada se torna uma semente de transformação, guiando você rumo a uma vida plena, equilibrada e abundante.

Ao integrar os banhos energéticos como parte de um ritual consciente, cria-se uma poderosa conexão entre corpo, mente e espírito, permitindo que a energia flua de maneira harmoniosa. Mais do que um simples hábito, esses momentos de cuidado se transformam em atos sagrados de autocompaixão e renovação. A prática regular não apenas mantém o campo vibracional limpo e protegido, mas também fortalece a capacidade de lidar com os desafios diários com serenidade e equilíbrio. Esse alinhamento energético traz clareza mental e emocional, facilitando escolhas mais acertadas e promovendo uma vida mais leve e plena.

Além disso, ao respeitar o tempo e a preparação desses banhos, desperta-se um estado de presença e intenção que potencializa ainda mais seus efeitos. Cada ingrediente manipulado com atenção e cada pensamento direcionado durante o ritual criam uma sintonia profunda com as forças naturais. Esse envolvimento consciente transforma o ato de cuidar da energia pessoal em um verdadeiro diálogo com o universo, onde desejos e intenções são expressos e, consequentemente, acolhidos. Assim, cada banho se torna um portal de transformação, permitindo que ciclos se encerrem e novos caminhos de prosperidade e bem-estar se abram.

Com a prática contínua, os banhos energéticos deixam de ser apenas uma ferramenta de purificação para se tornarem um estilo de vida, guiado pela harmonia e pelo respeito às forças da natureza. Esse compromisso com o autocuidado e com a elevação vibracional reforça a conexão com o divino e com a própria essência. Ao honrar esse fluxo de energia e manter a intenção clara, cria-se um espaço interno fértil para cultivar paz, amor, saúde e prosperidade. Assim, cada gota de água consagrada carrega a promessa de renovação, guiando o ser para uma jornada de equilíbrio e realização plena.

Capítulo 21
Visualização de Cores

Por meio de uma análise detalhada e aprofundada, surge a compreensão clara de como determinados eventos e decisões moldaram o curso da história e influenciaram diretamente os desdobramentos sociais, culturais e econômicos de uma sociedade. A interconexão entre fatores históricos, comportamentais e ambientais revela um cenário complexo, no qual cada elemento desempenha um papel crucial na formação de novas ideias, práticas e estruturas. Esse panorama exige uma reflexão crítica e minuciosa sobre as circunstâncias que desencadearam mudanças significativas e sobre a maneira como essas transformações impactaram a evolução de valores e tradições.

Ao considerar as forças que impulsionam transformações ao longo do tempo, é possível perceber a importância de compreender não apenas os fatos isolados, mas também as relações intrínsecas entre diferentes contextos e protagonistas. Essa abordagem amplia a perspectiva sobre como sociedades se organizam, se adaptam e superam desafios, evidenciando a constante interação entre passado e presente. A análise das consequências de certas decisões e eventos fornece subsídios valiosos para interpretar o comportamento humano e os mecanismos que sustentam o desenvolvimento coletivo.

Esse entendimento profundo permite reconhecer padrões recorrentes e identificar caminhos alternativos que poderiam ter sido seguidos, enriquecendo a percepção sobre o potencial de mudança e inovação. A partir dessa análise abrangente, desenvolve-se uma apreciação mais completa das dinâmicas sociais e culturais, proporcionando bases sólidas para interpretar acontecimentos e compreender a complexidade inerente aos processos históricos. Assim, ao mergulhar nesse contexto, abre-se espaço para explorar com mais clareza as motivações, os desafios e os resultados que moldaram a trajetória de sociedades ao longo do tempo.

Imagine um arco-íris surgindo diante de você, suas cores vibrantes e luminosas preenchendo o céu e irradiando uma energia suave e reconfortante. Cada tonalidade carrega uma frequência única, uma vibração capaz de influenciar positivamente corpo, mente e espírito. Ao visualizar essas cores com intenção e propósito, você direciona essas vibrações específicas para os centros energéticos do seu corpo, ativando a força vital e abrindo caminhos para que a abundância se manifeste em sua vida de forma natural e fluida.

Tudo no universo é energia em constante movimento, e as cores são manifestações visíveis dessa energia vibrando em diferentes frequências. Quando você se conecta com uma cor por meio da visualização, está sintonizando sua vibração pessoal com a frequência daquela cor. Esse alinhamento harmoniza seus chakras, dissolve bloqueios energéticos e cria um campo propício para atrair aquilo que você deseja manifestar. Assim, a visualização de cores se torna uma ferramenta poderosa de transformação, capaz de equilibrar emoções, fortalecer a autoconfiança e potencializar a realização de metas.

O verde, por exemplo, está intimamente ligado ao chakra cardíaco e simboliza renovação, equilíbrio e crescimento. Ao visualizar uma luz verde suave envolvendo seu corpo, você se conecta com a energia da cura e da prosperidade. Essa vibração estimula a harmonia emocional, fortalece relações interpessoais e cria um campo vibracional fértil para o florescimento de novas oportunidades financeiras. Sinta essa luz preenchendo cada célula, dissolvendo tensões e abrindo espaço para que a abundância se instale com leveza e naturalidade.

O dourado, por sua vez, representa a riqueza, o poder pessoal e a vitalidade, estando conectado ao chakra do plexo solar. Imagine-se banhado por uma luz dourada radiante, semelhante aos raios de sol aquecendo a pele. Essa energia fortalece sua autoconfiança, desperta sua liderança e intensifica sua capacidade de realização. Visualizar o dourado ao seu redor ativa a determinação e o foco necessários para concretizar objetivos e alinhar-se com a frequência da prosperidade e do sucesso.

Já o amarelo, também associado ao plexo solar, irradia alegria, clareza mental e criatividade. Ao visualizar um brilho amarelo intenso preenchendo seu corpo, você estimula a mente a buscar soluções criativas e a manter o otimismo diante dos desafios. Essa vibração luminosa desbloqueia o fluxo criativo e atrai novas ideias e oportunidades, tornando o ambiente interno mais propício para o crescimento pessoal e profissional.

O laranja, relacionado ao chakra sacral, traz vitalidade, entusiasmo e impulso criativo. Visualize uma luz laranja quente e vibrante envolvendo a região abdominal, ativando sua energia criativa e aumentando sua disposição. Essa vibração fortalece a autoconfiança e amplia a capacidade de transformar sonhos em ações concretas, favorecendo a realização de projetos e a manifestação de abundância.

O rosa, associado ao chakra do coração, emana amor, compaixão e harmonia. Imagine-se envolto por uma névoa rosa suave, como um abraço caloroso. Essa vibração desperta o amor-próprio e cura feridas emocionais, abrindo o coração para relações afetivas saudáveis e equilibradas. A energia do rosa promove o perdão e atrai conexões genuínas, baseadas no respeito, no carinho e na reciprocidade.

Para aproveitar plenamente o poder da visualização de cores, é essencial criar um ambiente propício. Escolha um lugar tranquilo, onde você possa relaxar sem interrupções. Um cômodo silencioso, um canto ao ar livre ou até mesmo um espaço decorado com elementos que transmitam calma são ideais. Ajuste a iluminação para que fique suave e, se desejar, utilize aromas ou músicas suaves para potencializar a atmosfera de acolhimento.

Comece concentrando-se na respiração. Inspire profundamente pelo nariz, sentindo o ar preencher seus pulmões, e expire lentamente pela boca, liberando tensões. Repita esse processo por alguns minutos até sentir a mente e o corpo relaxados. Esse estado de calma é fundamental para aprofundar a conexão com as cores.

Escolha intuitivamente a cor que melhor representa o que você deseja atrair ou transformar. Confie na sua intuição, pois ela guiará você à cor mais alinhada com suas necessidades. Com os olhos fechados, visualize a cor escolhida surgindo ao seu redor, expandindo-se lentamente, como uma névoa luminosa ou uma luz radiante. Deixe essa cor envolver todo o seu corpo e penetrar em cada célula, sentindo-a dissolver bloqueios e revitalizar sua energia.

Sinta a vibração dessa cor. Perceba se ela traz calor, frescor, leveza ou vigor. Observe como essa energia flui pelo corpo, despertando sensações e dissolvendo resistências. Direcione essa cor para o chakra correspondente ao seu objetivo, visualizando esse centro energético girando de forma harmônica e irradiando equilíbrio e vitalidade. Se preferir, conduza a cor por todos os chakras, sentindo cada um ser nutrido e harmonizado.

Enquanto se envolve nessa energia, repita mentalmente afirmações positivas alinhadas ao que você deseja manifestar. Por exemplo, ao visualizar a cor verde, diga a si mesmo: "Sou próspero e aberto às oportunidades que o universo me oferece." Deixe que essas palavras ressoem com a vibração da cor, fortalecendo sua intenção.

A prática regular da visualização de cores potencializa seus efeitos. Incorpore essa técnica à sua rotina diária ou semanal, permitindo que a conexão com a energia das cores se aprofunde e gere transformações positivas ao longo do tempo. Com disciplina e entrega, mudanças sutis, mas poderosas, começarão a se manifestar em seu bem-estar, equilíbrio emocional e capacidade de atrair abundância.

Estabelecer uma intenção clara antes de iniciar a prática é fundamental. Reflita profundamente sobre seus desejos e objetivos. Defina sua intenção de forma positiva e direta, criando um foco direcionado para a visualização. Essa clareza amplifica o poder da prática e orienta a energia da cor para a realização do seu propósito.

Durante a visualização, mantenha sua atenção plena. Se pensamentos dispersos surgirem, gentilmente retorne o foco para a cor e sua intenção. Imagine a cor com riqueza de detalhes: sinta sua textura, temperatura e intensidade. Quanto mais vívida for essa imagem, mais potente será a integração da energia da cor com seu campo vibracional.

Potencialize a visualização combinando-a com outras técnicas, como mantras, afirmações ou meditações guiadas. Essa integração amplia o impacto da prática, criando um campo energético ainda mais forte. Confie na sua intuição para adaptar a prática conforme suas necessidades.

Ao aprofundar-se nessa técnica, a visualização de cores revela-se mais do que um exercício mental — é um canal de transformação interior. A conexão consciente com as vibrações das cores permite acessar níveis sutis de energia, promovendo equilíbrio entre corpo, mente e espírito. Esse alinhamento favorece a manifestação de desejos, fortalece a autoconfiança e cria uma base sólida para o florescimento da abundância.

Com a prática constante, você perceberá uma ampliação da consciência e uma relação mais profunda com sua própria essência. A visualização de cores se torna uma ferramenta de autoconhecimento, revelando bloqueios emocionais e padrões limitantes que podem ser suavemente transformados. Cada cor, com sua frequência única, atua como uma ponte entre o físico e o emocional, integrando pensamentos e sentimentos em harmonia com seus objetivos.

Assim, a visualização de cores não apenas promove equilíbrio emocional, mas também amplia a capacidade de criar uma realidade alinhada com seus desejos mais genuínos. Cada respiração, cada imagem mental se transforma em uma semente de transformação, permitindo que o equilíbrio e a prosperidade floresçam de maneira autêntica e duradoura.

Ao aprofundar-se na prática da visualização de cores, torna-se evidente que esse exercício não se limita apenas à contemplação estética, mas atua como um canal poderoso para a transformação interior. A conexão consciente com as vibrações das cores permite acessar níveis mais sutis de energia, favorecendo o alinhamento entre mente, corpo e espírito. Esse processo não apenas potencializa a manifestação de desejos, mas também promove um estado de equilíbrio que reverbera positivamente em todas as áreas da vida. Cada cor, com sua frequência única, atua como uma ponte entre o mundo físico e o emocional, facilitando a integração de sentimentos, pensamentos e ações em harmonia com os objetivos pessoais.

Com a prática contínua, a visualização de cores revela-se uma ferramenta essencial para o autoconhecimento e para a expansão da consciência. Ao perceber as respostas do corpo e da mente durante essas visualizações, é possível identificar bloqueios emocionais, crenças limitantes e padrões de comportamento que podem ser suavemente transformados. Esse despertar gradativo promove uma relação mais profunda com a própria essência e amplia a percepção de como as energias externas e internas influenciam o fluxo da vida. Assim, cultivar essa conexão consciente não só fortalece o equilíbrio emocional, mas também amplia a capacidade de criar uma realidade alinhada com os desejos mais genuínos.

Esse caminho de integração energética se desdobra como uma jornada contínua de cura e crescimento. Ao incorporar a visualização de cores como parte de uma rotina de autocuidado, abre-se espaço para que a energia flua livremente, nutrindo cada aspecto do ser. A prática constante reforça a percepção de que a abundância, a harmonia e o bem-estar são estados naturais que podem ser cultivados com intenção e presença. Assim, cada respiração e cada imagem mental se transformam em sementes de transformação, permitindo que o equilíbrio e a prosperidade floresçam de maneira autêntica e duradoura.

Capítulo 22
Aprendizado Contínuo

O aprendizado contínuo representa um compromisso diário com o crescimento pessoal e profissional, essencial para prosperar em um mundo dinâmico e competitivo. Desenvolver essa mentalidade significa integrar o conhecimento como parte fundamental da vida, buscando constantemente novas habilidades, atualizando-se sobre tendências e aperfeiçoando competências que impulsionam o sucesso. Essa postura ativa diante do aprendizado permite explorar oportunidades diversas, adaptar-se às mudanças e construir uma trajetória sólida rumo à realização plena. Ao investir tempo e energia no desenvolvimento contínuo, cada conquista se torna um reflexo direto desse esforço, ampliando horizontes e abrindo portas para um futuro mais próspero e satisfatório.

Adotar o aprendizado contínuo como prática constante fortalece a capacidade de inovação, resiliência e adaptabilidade. Esse processo amplia a visão de mundo, estimula a criatividade e permite encontrar soluções estratégicas para desafios complexos. O domínio de novas ferramentas, metodologias e conhecimentos coloca o indivíduo em vantagem competitiva, tornando-o mais preparado para lidar com transformações tecnológicas e exigências do mercado. Mais do que acumular informações, o aprendizado contínuo impulsiona a aplicação prática do conhecimento, favorecendo resultados concretos e impactantes em diversas áreas da vida.

Além de potencializar a carreira, o aprendizado contínuo promove autoconfiança e satisfação pessoal. A evolução constante fortalece a autoestima e desperta uma postura proativa diante de desafios, estimulando a busca por metas mais ambiciosas. Essa jornada de crescimento proporciona equilíbrio entre desenvolvimento profissional e realização pessoal, criando um ciclo positivo de motivação e conquistas. Ao transformar o aprendizado em um hábito diário, é possível construir um caminho sólido para o sucesso, com mais propósito, autonomia e plenitude.

    Imagine um vasto jardim onde cada planta floresce de acordo com os cuidados que recebe. Assim como um jardineiro dedicado rega, poda, aduba e protege suas plantas contra pragas, a mente humana também necessita de estímulos constantes para crescer e florescer. O aprendizado contínuo funciona como o nutriente essencial que alimenta o intelecto, proporcionando crescimento pessoal e profissional. Ao investir na aquisição de novos conhecimentos e habilidades, cria-se uma base sólida para explorar oportunidades e alcançar o potencial máximo. Cada nova informação assimilada age como uma gota de água ou um raio de sol, fortalecendo as raízes do saber e impulsionando o florescimento de ideias e realizações. Esse cuidado constante com a própria evolução não apenas amplia horizontes, mas também abre caminhos para uma vida mais abundante e plena.

    No contexto de um mercado de trabalho cada vez mais dinâmico e competitivo, o aprendizado contínuo torna-se uma ferramenta indispensável para quem deseja se destacar e conquistar o sucesso. Investir no próprio desenvolvimento é como adubar o solo de um jardim: fortalece a base e prepara o terreno para colheitas mais generosas. Profissionais que buscam constantemente novos conhecimentos aumentam significativamente sua empregabilidade, tornando-se mais competitivos e valorizados. A atualização constante de habilidades os capacita a ocupar posições estratégicas, explorar setores inovadores e negociar condições de trabalho mais vantajosas. Essa postura proativa é percebida pelas empresas como um diferencial, destacando esses indivíduos como recursos estratégicos com alto potencial de crescimento.

    Além de abrir portas no mercado de trabalho, o aprendizado contínuo refina o desempenho profissional. A constante busca por aprimoramento permite o domínio de técnicas avançadas, a familiaridade com ferramentas modernas e a adoção de métodos mais eficientes. Esse processo resulta em maior produtividade, qualidade nas entregas e agilidade na resolução de problemas. Assim como um jardineiro que aprende a identificar o momento certo de poda para estimular o crescimento saudável das plantas, o profissional que aprimora suas habilidades sabe como otimizar processos e evitar erros, entregando resultados superiores e consolidando sua posição dentro da organização.

A exposição a novos saberes também funciona como uma poda criativa, permitindo que ideias floresçam de forma inesperada. Ao explorar diferentes culturas, conceitos e experiências, a mente se expande e conecta informações de maneira inovadora. Esse ambiente fértil alimenta a criatividade, facilitando a criação de soluções originais e adaptáveis para problemas complexos. Assim como em um jardim diverso, onde espécies distintas coexistem e enriquecem o ecossistema, a diversidade de conhecimentos adquiridos pelo aprendizado contínuo estimula a experimentação e o pensamento crítico, essenciais para a inovação em produtos, serviços e processos.

O desenvolvimento constante também cultiva a autoconfiança. Ao dominar novas habilidades e compreender novos conceitos, o indivíduo fortalece sua autoestima e passa a enfrentar desafios com mais segurança. Essa confiança reflete-se em uma postura proativa, na disposição para assumir responsabilidades maiores e na resiliência diante de obstáculos. Assim como uma planta robusta resiste a ventos fortes por ter raízes profundas, o profissional autoconfiante se mantém firme diante das adversidades e se mostra mais receptivo a oportunidades de crescimento. A sensação de progresso contínuo reforça a crença nas próprias capacidades e alimenta o desejo de avançar.

A adaptabilidade, por sua vez, é um reflexo direto desse processo de crescimento. Em um mundo em constante transformação, a capacidade de se ajustar rapidamente a novas realidades é vital. O aprendizado contínuo funciona como uma ferramenta de adaptação, permitindo que o profissional incorpore inovações, acompanhe mudanças tecnológicas e compreenda novas dinâmicas de mercado. Essa flexibilidade garante não apenas a sobrevivência em um ambiente desafiador, mas também o protagonismo em processos de mudança. Assim como uma planta se inclina em direção à luz para continuar crescendo, o profissional adaptável ajusta sua trajetória conforme as exigências do ambiente, mantendo-se relevante e competitivo.

Ao expandir suas competências, o indivíduo também amplia seu campo de atuação. O desenvolvimento de novas habilidades funciona como o plantio de sementes diversas em um mesmo jardim, resultando em múltiplas possibilidades de florescimento. Essa pluralidade de conhecimentos abre portas para explorar diferentes áreas, setores e funções, permitindo redescobertas profissionais e até mesmo o empreendedorismo. Assim, novos caminhos se revelam, alinhando-se com interesses pessoais e valores, e criando oportunidades de realização que antes pareciam distantes.

Para cultivar esse ciclo contínuo de aprendizado, é fundamental definir objetivos claros. Assim como o jardineiro planeja o cultivo de cada planta, estabelecendo o que deseja colher, o indivíduo precisa identificar suas metas e compreender quais conhecimentos e habilidades são necessários para alcançá-las. Definir objetivos específicos e mensuráveis direciona os esforços e mantém a motivação viva ao longo da jornada de desenvolvimento. Esse planejamento funciona como um mapa que guia o caminho, permitindo avanços constantes e seguros.

Com metas bem delineadas, torna-se essencial traçar um plano de desenvolvimento detalhado. Dividir grandes objetivos em etapas menores e estabelecer prazos realistas cria um ritmo constante de evolução. Incluir recursos variados, como cursos, livros, eventos e mentorias, enriquece o processo e proporciona aprendizados diversificados. Esse planejamento estratégico funciona como o calendário de um jardineiro, que organiza o cuidado com cada planta conforme as estações, garantindo que todas recebam a atenção necessária para crescer.

Explorar diferentes métodos de aprendizado mantém o processo dinâmico e envolvente. Assim como um jardim prospera com a combinação de luz solar, água e nutrientes, a mente se fortalece ao ser estimulada por múltiplas fontes de conhecimento. Participar de cursos online, workshops presenciais, leituras especializadas, podcasts e vídeos educativos amplia a compreensão dos temas e evita a monotonia. A variedade de métodos também permite descobrir novas formas de aprendizado, tornando a jornada mais rica e eficaz.

Aplicar os conhecimentos adquiridos é como colher os frutos de um cultivo cuidadoso. A verdadeira assimilação do aprendizado ocorre quando o conhecimento é colocado em prática. Seja em projetos pessoais, no ambiente profissional ou em atividades voluntárias, essa aplicação fortalece o entendimento e permite ajustes para aprimorar habilidades. Esse ciclo de aprendizado e prática consolida o conhecimento e promove crescimento contínuo.

Compartilhar o que se aprende também faz parte desse processo. Ao dividir conhecimentos com outros, seja em conversas, debates ou mentorias, reforça-se a compreensão e estimula-se o pensamento crítico. Esse intercâmbio de ideias não apenas solidifica o aprendizado, mas também contribui para o desenvolvimento coletivo. Assim como plantas que compartilham nutrientes através de raízes interconectadas, o compartilhamento de saberes cria uma rede de crescimento mútuo.

Por fim, celebrar as conquistas ao longo da jornada de aprendizado é essencial. Cada novo conhecimento assimilado, cada habilidade desenvolvida representa uma vitória que merece ser reconhecida. Comemorar esses progressos mantém a motivação elevada e reforça o compromisso com o desenvolvimento contínuo. Assim como o jardineiro aprecia cada flor que desabrocha, valorizar cada avanço alimenta o entusiasmo para seguir cultivando o próprio crescimento.

Integrar o aprendizado contínuo ao cotidiano exige disciplina e comprometimento, mas os frutos colhidos ao longo dessa jornada são valiosos e transformadores. Pequenos avanços diários se acumulam e geram impactos profundos na forma como lidamos com desafios e aproveitamos oportunidades. Esse ciclo constante de evolução amplia nossa capacidade de enxergar além do óbvio, favorecendo escolhas mais assertivas e estratégicas. Dessa forma, o conhecimento adquirido não apenas agrega valor à trajetória profissional, mas também molda uma mentalidade mais resiliente e aberta a novas possibilidades.

Ao longo desse processo, é importante reconhecer que o aprendizado não ocorre de forma linear. Haverá momentos de dúvidas, ajustes e até mesmo retrocessos, mas cada experiência contribui para o fortalecimento das habilidades e do autoconhecimento. Encarar esses desafios com flexibilidade e curiosidade transforma obstáculos em lições valiosas. Assim, a busca por crescimento se torna um caminho contínuo de autodescoberta, em que cada etapa superada reafirma a importância de seguir em frente com determinação e entusiasmo.

Nesse cenário, o aprendizado contínuo deixa de ser apenas uma ferramenta de desenvolvimento profissional e se consolida como um estilo de vida. Ele alimenta o desejo de crescer, inspira mudanças positivas e fortalece a confiança para trilhar novos caminhos. Ao cultivar essa mentalidade, abrimos portas para experiências enriquecedoras e construímos um legado de evolução constante, capaz de impactar não apenas nossa própria trajetória, mas também o ambiente ao nosso redor.

Capítulo 23
Doando e Compartilhando

A prática de doar e compartilhar fortalece profundamente o fluxo de abundância na vida, criando conexões autênticas e promovendo o bem-estar coletivo. Ao oferecer tempo, recursos ou talentos, estabelece-se um ciclo contínuo de prosperidade, onde cada gesto de generosidade não apenas beneficia quem recebe, mas também expande o potencial de quem doa. Esse movimento de entrega sincera transforma ações simples em poderosos instrumentos de mudança, refletindo um compromisso genuíno com a construção de uma sociedade mais justa, solidária e equilibrada. A generosidade se manifesta como um elo essencial que conecta indivíduos a oportunidades e experiências enriquecedoras, promovendo crescimento pessoal e coletivo.

Quando atitudes de doação são incorporadas ao cotidiano, elas se tornam parte de um processo natural de valorização do que já se tem e de abertura para novas conquistas. Essa disposição para contribuir ativa um fluxo positivo, que atrai novas possibilidades e fortalece a sensação de realização e propósito. Cada ato de compartilhar não só supre necessidades imediatas, mas também inspira outras pessoas a adotarem comportamentos semelhantes, criando uma corrente contínua de apoio e colaboração. Assim, a generosidade se multiplica, impactando positivamente comunidades inteiras e reforçando laços interpessoais baseados no respeito e na empatia.

Além de beneficiar diretamente quem recebe, a prática de doar e compartilhar proporciona crescimento emocional e espiritual para quem pratica esses gestos. Ao dedicar tempo e recursos para o bem coletivo, desenvolve-se um olhar mais sensível às necessidades alheias e uma compreensão mais profunda do papel individual na construção de um mundo mais harmonioso. Esse processo desperta a consciência sobre a importância da coletividade, promove o equilíbrio emocional e fortalece valores fundamentais como compaixão, gratidão e responsabilidade social. Assim, doar e compartilhar se consolidam como caminhos poderosos para alcançar uma vida plena, repleta de significado e abundância.

Imagine um rio caudaloso que segue seu curso, desaguando no mar e levando consigo nutrientes que alimentam a vida ao seu redor. Esse rio não se esgota ao compartilhar suas águas; pelo contrário, seu fluxo se renova e se fortalece, perpetuando o ciclo da abundância. Assim também é a prática de doar e compartilhar: ao oferecer generosamente parte de nossos recursos, tempo ou talentos, nutrimos outras vidas e, simultaneamente, fortalecemos o nosso próprio fluxo de prosperidade. Cada gesto de generosidade reverbera como ondas suaves, alcançando lugares distantes e promovendo transformações profundas, não apenas em quem recebe, mas também em quem doa.

Atos de generosidade têm o poder de elevar nossa vibração e alinhar nossos pensamentos e emoções com a frequência da prosperidade. Quando entregamos algo de coração aberto, sem esperar nada em troca, criamos uma harmonia interna que atrai oportunidades positivas e reforça a confiança em nosso próprio valor. É como se, ao plantar uma semente de bondade, estivéssemos cultivando um campo fértil de possibilidades que florescem naturalmente em nossa vida. Esse alinhamento com a abundância nos torna mais receptivos ao novo e mais seguros para seguir caminhos que antes pareciam distantes.

Além disso, doar e compartilhar são expressões sinceras de gratidão. Ao reconhecer as conquistas que já fazem parte da nossa vida, abrimos espaço para que novas bênçãos cheguem. Esse reconhecimento transforma a percepção do que temos: aquilo que antes parecia suficiente passa a ser visto como abundante. A gratidão cria um ambiente propício para o crescimento, pois nos ensina a valorizar o presente e a confiar que há sempre mais a ser alcançado. Assim como o rio não guarda suas águas, mas as entrega ao oceano, também nós devemos permitir que a generosidade flua livremente, renovando o ciclo da abundância.

A generosidade também tem o poder de criar e fortalecer conexões genuínas. Ao compartilhar recursos, tempo ou conhecimento, construímos pontes sólidas baseadas na empatia e no respeito mútuo. Essas relações sinceras formam uma rede de apoio que pode abrir portas para novas oportunidades pessoais e profissionais. Tal como raízes subterrâneas que se entrelaçam e sustentam grandes árvores, as conexões humanas, nutridas por gestos generosos, fortalecem a sensação de pertencimento e estimulam a colaboração em nossas comunidades.

O impacto de compartilhar prosperidade vai além do círculo imediato de quem recebe. Nossos gestos inspiram outras pessoas a fazerem o mesmo, criando uma corrente de solidariedade que se expande continuamente. Ao demonstrar que a abundância é acessível a todos, motivamos outros a adotarem atitudes generosas. Assim, o impacto de uma única ação se multiplica, reverberando em diversas direções e gerando benefícios coletivos. Esse movimento de inspiração transforma pequenos gestos em grandes mudanças sociais, reforçando a ideia de que cada contribuição, por menor que seja, tem um valor imensurável.

Doar e compartilhar são também instrumentos poderosos para fortalecer comunidades. Quando investimos nosso tempo, recursos ou habilidades em causas sociais, contribuímos para criar um ambiente mais justo e equilibrado. O fortalecimento das comunidades promove a igualdade de oportunidades e melhora a qualidade de vida de todos os seus membros. Como em um ecossistema bem cuidado, onde cada ser vivo desempenha um papel fundamental, uma sociedade solidária cresce de forma saudável e resiliente, permitindo que todos prosperem juntos.

Além do impacto social, estudos científicos comprovam que atos de generosidade aumentam nossa felicidade. A prática de doar ativa áreas do cérebro associadas ao prazer e ao bem-estar, liberando endorfinas que proporcionam uma sensação duradoura de alegria. Essa felicidade não se limita a momentos passageiros, mas contribui para uma saúde mental mais equilibrada e uma vida mais satisfatória. Assim como o rio sente a leveza ao seguir seu curso, nós também experimentamos leveza e plenitude ao compartilhar com o próximo.

Existem diversas formas de praticar a generosidade. A doação financeira é uma delas, permitindo apoiar causas sociais, projetos comunitários e instituições de caridade. Pequenas contribuições regulares podem gerar grandes transformações quando realizadas com propósito e consistência. Assim como uma gota d'água contribui para encher um rio, cada valor doado, por menor que seja, soma-se a um esforço coletivo capaz de mudar vidas.

O voluntariado é outra expressão poderosa de generosidade. Dedicar tempo e habilidades para ajudar em projetos sociais, eventos comunitários ou organizações sem fins lucrativos permite vivenciar realidades diferentes, desenvolver empatia e criar conexões significativas. Ao doar nosso tempo, não apenas ajudamos os outros, mas também enriquecemos nossa própria jornada com experiências transformadoras.

A doação de bens materiais também tem um impacto relevante. Roupas, alimentos, livros ou objetos que não utilizamos mais podem ganhar novo significado quando destinados a quem precisa. Esse gesto simples evita o desperdício e atende a necessidades básicas, além de estimular o consumo consciente e a responsabilidade social.

Compartilhar conhecimento é outra maneira de promover o bem-estar coletivo. Dividir saberes por meio de mentorias, oficinas ou palestras amplia o aprendizado e capacita outras pessoas a alcançarem seus objetivos. Ao ensinar, reforçamos nosso próprio entendimento e contribuímos para a construção de uma sociedade mais educada e colaborativa.

Gestos simples de gentileza no cotidiano também têm um poder transformador. Ajudar alguém com as compras, ceder o lugar no transporte público ou oferecer um sorriso são atitudes que criam um ambiente mais solidário e acolhedor. Essas pequenas ações inspiram outros a fazerem o bem, criando uma rede de apoio baseada na empatia.

Dedicar tempo para ouvir e apoiar emocionalmente quem precisa é uma forma valiosa de compartilhar. Estar presente para um amigo, visitar alguém que se sente solitário ou simplesmente oferecer companhia são gestos que fortalecem vínculos afetivos e combatem o isolamento social. Esse tipo de cuidado demonstra atenção genuína e reforça a importância das conexões humanas.

Compartilhar recursos materiais, como ferramentas, livros ou espaços, promove a coletividade e incentiva o uso consciente de bens. Ao dividir o que temos, contribuímos para a criação de uma cultura de cooperação e sustentabilidade, onde todos podem se beneficiar de maneira justa e equilibrada.

Para que a generosidade seja parte constante da vida, é importante doar com o coração. Praticar a doação de forma sincera e espontânea potencializa o impacto positivo e fortalece nossa conexão com a abundância. Escolher causas que ressoem com nossos valores torna o ato de doar ainda mais significativo, pois nos envolve de maneira profunda e autêntica.

Explorar formas criativas de doar amplia nosso alcance. Organizar campanhas, promover arrecadações ou utilizar redes sociais para mobilizar ajuda são maneiras inovadoras de inspirar outros a participar. Começar com pequenos gestos e manter a consistência reforça o compromisso com o bem coletivo, enquanto compartilhar nossas experiências inspira mais pessoas a seguirem pelo mesmo caminho.

Ao integrar a prática de doar e compartilhar em nossa rotina, compreendemos que a verdadeira abundância não está no acúmulo, mas na capacidade de distribuir e apoiar o crescimento mútuo. Cada gesto de generosidade se transforma em uma semente plantada, capaz de florescer em novas oportunidades e fortalecer a esperança de um futuro mais justo e solidário. Assim, cultivamos um mundo onde a prosperidade é compartilhada e onde o verdadeiro sucesso é medido pelo impacto positivo que deixamos nas vidas ao nosso redor.

Ao integrar a doação e o compartilhamento em sua vida, percebe-se que esses atos transcendem o simples gesto material, tornando-se parte de um propósito maior. Cada contribuição, por menor que pareça, reverbera positivamente, criando um ciclo de benefícios que alcança indivíduos, comunidades e, consequentemente, o mundo. A verdadeira abundância não reside apenas no acúmulo de bens, mas na capacidade de distribuir, apoiar e incentivar o crescimento mútuo. Essa compreensão amplia a visão sobre prosperidade, transformando-a em algo coletivo, acessível e sustentável.

A prática constante da generosidade também desperta um senso de responsabilidade pelo bem-estar coletivo, reforçando a ideia de que todos têm um papel fundamental na construção de uma sociedade mais igualitária. Quando o ato de doar se torna parte da rotina, ele cria raízes profundas que fortalecem não só quem recebe, mas também quem oferece. Esse equilíbrio natural entre dar e receber alimenta um ambiente onde a empatia floresce e a solidariedade se expande, formando bases sólidas para um convívio mais harmonioso e respeitoso.

Assim, ao escolher doar e compartilhar com autenticidade, abre-se um caminho de crescimento pessoal e coletivo, onde cada gesto contribui para um mundo mais humano e próspero. A abundância verdadeira se manifesta quando entendemos que prosperar é caminhar junto, nutrindo redes de apoio, confiança e inspiração. Nessa jornada, cada ação generosa se transforma em uma semente de mudança, capaz de florescer em novas possibilidades e fortalecer a esperança de um futuro mais justo e solidário.

Capítulo 24
Criando Oportunidades

A abundância é resultado direto das ações intencionais e do comprometimento em transformar ideias em realidade. Ao adotar uma postura proativa e determinada, é possível abrir caminhos para o crescimento e para novas conquistas em diversas áreas da vida. Esse processo exige iniciativa, criatividade e a disposição de assumir riscos calculados, permitindo que cada passo dado se torne uma oportunidade concreta de evolução. Quando se age com clareza de propósito e dedicação, o ambiente ao redor responde, criando condições favoráveis para o sucesso e para a prosperidade se manifestarem de forma consistente. Assim, a construção de oportunidades passa a ser uma prática contínua, onde cada decisão estratégica amplia as possibilidades de realização pessoal e profissional.

A criação de oportunidades envolve mais do que esperar que as circunstâncias mudem; trata-se de agir com foco e planejamento para gerar mudanças efetivas. Isso requer identificar talentos, fortalecer habilidades e explorar caminhos inovadores que possam conectar sonhos a resultados concretos. A busca constante por conhecimento e o cultivo de relacionamentos sólidos são ferramentas essenciais nesse processo, pois ampliam as perspectivas e facilitam o acesso a novas possibilidades. Cada ação tomada com coragem e intenção não só aproxima dos objetivos desejados, mas também fortalece a autoconfiança e a resiliência diante dos desafios, transformando obstáculos em impulsos para o crescimento.

Ao manter uma mentalidade aberta e adaptável, torna-se possível enxergar oportunidades mesmo nas situações mais desafiadoras. O sucesso surge da soma de pequenas ações diárias realizadas com persistência e entusiasmo, criando um ciclo contínuo de evolução. A ousadia de propor soluções, experimentar novas ideias e agir com ética constrói uma base sólida para alcançar metas ambiciosas. Assim, o caminho para a abundância é pavimentado por atitudes consistentes e pela capacidade de transformar cada experiência em aprendizado e avanço, tornando a criação de oportunidades um processo natural e constante.

Imagine um agricultor que, antes mesmo de lançar suas sementes ao solo, dedica tempo a preparar a terra com cuidado. Ele ara o solo, remove as impurezas, escolhe as melhores sementes e, com paciência, irriga a plantação, atento às mudanças do clima e às necessidades das plantas. Esse agricultor não depende do acaso para colher bons frutos; ele cria as condições ideais para que a colheita seja farta. Assim também é o processo de criar oportunidades na vida: exige preparo, dedicação e ação constante. Não basta esperar que as circunstâncias mudem. É preciso agir com propósito, semear ideias, nutrir projetos e cuidar de cada etapa até que os resultados floresçam.

Assumir a responsabilidade por criar oportunidades é sair da posição de espectador e se tornar o protagonista da própria história. Trata-se de agir com intenção, identificando e cultivando possibilidades que possam transformar sonhos em realidade. Quando você decide sair da zona de conforto e explorar novos caminhos, amplia significativamente seu horizonte de possibilidades. Esse movimento permite descobrir talentos ocultos, adquirir habilidades desconhecidas e se envolver em projetos inovadores que antes pareciam distantes. Assim como uma nova semente pode surpreender com flores nunca vistas, cada experiência vivida com coragem e curiosidade abre portas para conquistas antes inimagináveis.

Buscar novas oportunidades também alimenta a criatividade. Ao se deparar com desafios e buscar soluções, a mente é incentivada a pensar de forma diferente, conectando ideias de campos diversos e adaptando conceitos antigos a novas realidades. A criatividade, nesse contexto, é como o solo fértil que acolhe a semente: quanto mais bem cuidado e diversificado, mais rica será a colheita. Permitir-se experimentar, arriscar e aprender com cada tentativa fortalece essa habilidade, tornando-a essencial para transformar obstáculos em possibilidades concretas.

Cada passo dado em direção aos objetivos fortalece a autoconfiança. Ao conquistar pequenas metas, você valida sua capacidade de realizar mudanças significativas em sua vida. Esse fortalecimento interno se traduz na maneira como você enfrenta desafios: com mais coragem, disposição para assumir riscos e fé em seu potencial. Assim como o agricultor observa os primeiros brotos e sente a certeza de que a colheita virá, cada pequena vitória reforça a crença de que grandes conquistas são possíveis.

Demonstrar iniciativa e determinação é enviar ao universo um sinal claro de que você está pronto para receber e aproveitar novas oportunidades. Esse alinhamento de ação e propósito cria um fluxo positivo, atraindo conexões, recursos e situações favoráveis. É como um campo bem cultivado que atrai a chuva no momento certo: quanto mais você age com foco, mais portas se abrem, permitindo que a abundância flua naturalmente em todas as áreas da sua vida.

Para que esse ciclo de criação de oportunidades aconteça de forma consistente, é fundamental começar com clareza de objetivos. Estabelecer metas concretas e específicas funciona como o agricultor que escolhe cuidadosamente quais sementes plantar. Saber exatamente onde você quer chegar direciona seus esforços e torna mais eficaz o caminho até seus objetivos. Com prazos e etapas bem definidas, suas ações ganham foco e tornam-se mais estratégicas.

Identificar suas paixões e talentos também é um passo essencial. Quando você reconhece o que realmente o entusiasma e as habilidades em que se destaca, torna-se possível alinhar esses elementos a projetos que tenham significado. Esse equilíbrio entre paixão e competência mantém a motivação elevada e cria uma base sólida para alcançar o sucesso. Tal como o agricultor escolhe culturas adequadas ao clima e ao solo, direcionar esforços para áreas em que você tem afinidade aumenta as chances de crescimento consistente.

Expandir sua rede de contatos é outra prática vital. Construir relações com pessoas que compartilham interesses semelhantes ou que podem abrir portas para novas oportunidades fortalece seu caminho. Participar de eventos, integrar comunidades ou simplesmente estar aberto ao diálogo amplia as conexões e potencializa as chances de desenvolvimento pessoal e profissional. Assim como o agricultor se conecta com outros produtores para aprender novas técnicas, o networking permite a troca de experiências e o acesso a recursos valiosos.

O aprendizado contínuo é o fertilizante desse processo. Investir em cursos, leituras e vivências amplia suas habilidades e o mantém atualizado com as tendências do mercado. Estar preparado com novos conhecimentos aumenta sua competitividade e abre espaço para soluções inovadoras. Quanto mais você se dedica a aprender, mais fértil se torna o solo onde suas ideias podem crescer.

A proatividade é a água que faz a semente germinar. Não esperar que oportunidades apareçam, mas ir ao encontro delas, é o que transforma intenções em resultados. Propor projetos, sugerir melhorias, apresentar ideias e buscar ativamente novas possibilidades são atitudes que impulsionam o progresso. Assim como o agricultor que não espera a chuva, mas irriga seu campo, você precisa agir para que as oportunidades floresçam.

Ser persistente diante de desafios é outro pilar fundamental. Obstáculos são inevitáveis, mas a persistência é o que diferencia quem alcança suas metas de quem desiste no meio do caminho. Cada dificuldade enfrentada é uma oportunidade de aprendizado e ajuste de estratégias. Assim como o agricultor enfrenta pragas e intempéries, mas adapta seus métodos para proteger a colheita, você deve aprender com os desafios e seguir avançando com foco e resiliência.

É também necessário aproveitar as oportunidades que surgem, mesmo que não estejam diretamente alinhadas com seus objetivos iniciais. Muitas vezes, as melhores chances aparecem de forma inesperada e podem abrir caminhos ainda mais promissores. A flexibilidade para reconhecer e abraçar esses momentos é crucial. Assim como uma planta se adapta ao solo onde foi lançada, ser flexível diante de novas circunstâncias permite que você cresça em qualquer terreno.

A coragem é o impulso final que transforma planejamento em ação. Enfrentar medos, sair da zona de conforto e tomar decisões ousadas são atitudes indispensáveis para criar e aproveitar oportunidades. Confiar no próprio potencial e abraçar desafios é como o agricultor que decide plantar uma nova safra, mesmo sem garantias de clima favorável. É essa coragem que permite explorar novas possibilidades e alcançar grandes resultados.

Manter uma atitude positiva ao longo do caminho é igualmente importante. O otimismo fortalece a resiliência e influencia a forma como você é percebido pelas pessoas ao seu redor. Acreditar no seu potencial cria um ambiente propício para que novas possibilidades surjam. Assim como o sol ilumina e aquece a plantação, a positividade alimenta o solo onde as oportunidades podem florescer.

Por fim, a criação de oportunidades é um processo colaborativo. Estar cercado por pessoas que compartilham valores semelhantes potencializa o alcance de suas metas. Relações genuínas e trocas sinceras criam um ambiente fértil para novas ideias e projetos. Assim, ao unir sua iniciativa pessoal com o poder da colaboração, você fortalece sua trajetória e transforma desafios em possibilidades.

Desse modo, criar oportunidades é mais do que um ato isolado: é um estilo de vida. Cada decisão estratégica, cada risco assumido e cada passo dado com propósito formam o caminho sólido para uma vida plena de realizações. Assim como a colheita generosa é resultado de cuidado constante, a abundância se manifesta para aqueles que cultivam, com dedicação e coragem, o terreno fértil das oportunidades.

Criar oportunidades é um exercício contínuo de autoconhecimento e ação direcionada. Ao reconhecer suas conquistas e aprender com os desafios enfrentados, você fortalece a base para avançar com mais segurança e clareza. Cada experiência vivida, seja de sucesso ou de superação, contribui para moldar uma mentalidade resiliente e estratégica. Esse ciclo de aprendizado constante amplia sua capacidade de identificar momentos propícios e agir com confiança, tornando a jornada rumo à abundância mais consistente e significativa.

Além disso, é fundamental valorizar as pequenas vitórias ao longo do caminho, pois são elas que mantêm o entusiasmo e alimentam a motivação para seguir em frente. Cada passo dado com propósito reforça o comprometimento com seus objetivos e cria um efeito acumulativo de progresso. A celebração dessas conquistas não só fortalece a autoconfiança, mas também inspira novas ideias e impulsiona a busca por resultados ainda mais expressivos. Assim, o caminho para o crescimento se torna mais leve e gratificante, permitindo que você continue avançando com determinação.

Por fim, lembrar-se de que a criação de oportunidades é um processo colaborativo pode abrir portas inimagináveis. Cercar-se de pessoas que compartilham valores e objetivos semelhantes potencializa o alcance de metas e estimula o desenvolvimento mútuo. As conexões genuínas e a troca de experiências criam um ambiente fértil para o surgimento de novas ideias e projetos. Dessa forma, ao combinar iniciativa pessoal com o poder da colaboração, você fortalece sua trajetória, transforma desafios em possibilidades e constrói, dia após dia, o caminho sólido para uma vida plena de abundância e realizações.

Capítulo 25
Celebrando o Sucesso

Reconhecer e celebrar o próprio sucesso é uma prática fundamental para consolidar conquistas e impulsionar novos avanços. Cada meta atingida representa o resultado de esforço, dedicação e superação de desafios, sendo essencial valorizar esses momentos como parte do processo de crescimento. Ao celebrar vitórias, fortalece-se a autoconfiança, reforça-se a motivação e cria-se um ciclo positivo que estimula a busca por novos objetivos. Esse reconhecimento pessoal não apenas valida a jornada percorrida, mas também amplia a percepção de merecimento, tornando o caminho para o sucesso mais leve e satisfatório.

A celebração das conquistas vai além de um simples gesto de comemoração; ela serve como uma poderosa ferramenta de incentivo contínuo. Ao dar valor aos próprios resultados, por menores que sejam, desenvolve-se uma mentalidade de abundância que atrai ainda mais oportunidades. Esse hábito de gratidão e reconhecimento próprio desperta uma energia positiva que influencia diretamente a forma como os desafios futuros são enfrentados. Celebrar o sucesso é um lembrete constante de que o progresso está sendo feito e de que cada passo dado aproxima ainda mais dos sonhos desejados.

Permitir-se celebrar é também uma forma de manter o equilíbrio entre esforço e recompensa, reconhecendo a importância do descanso e do prazer ao longo da jornada. Essa prática fortalece não só o bem-estar emocional, mas também estimula a criatividade e a disposição para enfrentar novos desafios. Ao valorizar cada etapa conquistada, constrói-se uma base sólida de autoconfiança e entusiasmo, criando um ambiente propício para continuar avançando com determinação. Dessa maneira, celebrar o sucesso se torna um ato essencial para manter a motivação e abrir caminhos para conquistas ainda maiores.

Imagine um atleta que cruza a linha de chegada após uma longa e exaustiva competição. Ao erguer o troféu, ele não celebra apenas a vitória momentânea, mas todo o caminho percorrido — os treinos diários, as dores superadas, as derrotas que o ensinaram e as pequenas conquistas que o impulsionaram. Esse momento de celebração é uma consagração do esforço e uma reafirmação de que ele é capaz de ir além. Da mesma forma, celebrar cada conquista, por menor que seja, é essencial para alimentar a autoconfiança, reforçar a crença no próprio potencial e abrir caminho para novas vitórias.

Celebrar o sucesso não é apenas um ato de comemoração; é uma poderosa ferramenta de fortalecimento pessoal. Cada vitória reconhecida, seja grande ou pequena, valida o esforço investido e reforça a certeza de que o caminho trilhado é o correto. Esse reconhecimento cria uma mentalidade de abundância, onde cada conquista se transforma em combustível para novas metas. Assim como o atleta que sente o impulso de buscar novos desafios após saborear a vitória, você também se sentirá mais motivado a seguir em frente, sabendo que é capaz de superar obstáculos e realizar grandes feitos.

Reconhecer o próprio mérito fortalece a autoconfiança. Ao valorizar suas conquistas, você reforça a percepção de que é digno de alcançar o que deseja. Essa validação interna amplia sua capacidade de enfrentar desafios com coragem e determinação. Cada celebração se transforma em uma confirmação de que o esforço vale a pena, fortalecendo a resiliência diante de adversidades. É como se, ao cada passo conquistado, você construísse uma base sólida sobre a qual novas oportunidades e desafios podem ser enfrentados com mais segurança.

Além de fortalecer a autoconfiança, celebrar o sucesso cria um ciclo virtuoso de positividade. A energia gerada pelo reconhecimento de cada conquista se multiplica, atraindo ainda mais prosperidade e oportunidades. Esse fluxo constante de gratidão e entusiasmo amplia sua percepção sobre o que é possível conquistar, tornando o processo de alcançar objetivos mais leve e prazeroso. Quanto mais você celebra, mais motivado se sente para continuar avançando, nutrindo um ciclo contínuo de crescimento.

Compartilhar as vitórias com outras pessoas potencializa ainda mais esse processo. Dividir momentos de sucesso com familiares, amigos e colegas cria conexões mais profundas e inspira os que estão ao seu redor. Quando você celebra em conjunto, constrói um ambiente de apoio mútuo e motivação coletiva, onde cada conquista individual contribui para o crescimento de todos. Assim como uma torcida que vibra com a vitória do atleta, o apoio das pessoas ao seu redor fortalece a confiança e incentiva a busca por novos desafios.

Para celebrar o sucesso de forma significativa, é importante reconhecer cada conquista, independentemente do tamanho. Valorizar cada avanço, cada obstáculo superado e cada aprendizado adquirido é essencial para manter o entusiasmo e a motivação. Esse reconhecimento constante reforça o comprometimento com seus objetivos e transforma o progresso em algo palpável, capaz de impulsionar novos passos.

Expressar gratidão é outro aspecto fundamental da celebração. Agradecer a si mesmo pelo esforço dedicado, às pessoas que apoiaram sua jornada e às oportunidades que surgiram amplia a sensação de realização. A gratidão cria um fluxo positivo de energia, abrindo espaço para novas conquistas e fortalecendo a mentalidade de abundância. Esse sentimento genuíno de apreciação transforma o caminho percorrido em uma fonte constante de inspiração.

Presentear-se por cada meta alcançada é uma forma concreta de reconhecer seu empenho. Escolher uma recompensa significativa, seja uma experiência especial, um momento de autocuidado ou a realização de um desejo antigo, reforça o valor da conquista. Esse gesto de autorreconhecimento funciona como um estímulo positivo, incentivando a disciplina e a motivação para enfrentar novos desafios. Assim, você se lembra de que cada vitória merece ser comemorada de forma única.

Registrar suas conquistas também é uma maneira eficaz de manter viva a motivação. Documentar suas vitórias em um diário, mural ou álbum cria um espaço visual e emocional onde você pode revisitar seus progressos sempre que precisar de inspiração. Esse registro serve como uma prova concreta do quanto você evoluiu, reforçando a autoconfiança e renovando o compromisso com suas metas futuras.

Criar rituais de celebração torna cada vitória ainda mais significativa. Seja acendendo uma vela, fazendo um brinde, ouvindo uma música especial ou realizando uma atividade prazerosa, esses rituais simbolizam suas conquistas e criam memórias afetivas. Incorporar práticas que representem seu sucesso fortalece o significado emocional das vitórias e transforma o ato de celebrar em uma experiência única e marcante.

Permitir-se momentos de descanso e diversão após alcançar uma meta importante também é fundamental. O equilíbrio entre esforço e recompensa é essencial para manter o bem-estar físico e emocional. Reservar tempo para relaxar e aproveitar momentos de lazer renova as energias e previne o esgotamento, preparando você para enfrentar novos desafios com mais disposição.

Após cada celebração, é importante revisar seus objetivos. Refletir sobre a jornada percorrida e ajustar os próximos passos permite identificar novas oportunidades de crescimento. Esse processo contínuo de avaliação e planejamento garante que você permaneça alinhado com seus sonhos e desafios, mantendo o ciclo de progresso em constante movimento.

Celebrar os pequenos progressos ao longo da jornada é tão importante quanto celebrar grandes conquistas. Cada avanço, por menor que seja, representa um passo essencial rumo aos seus objetivos. Valorizar esses momentos mantém a motivação elevada e reforça a importância da consistência. Assim, você reconhece que cada pequena vitória contribui para a construção de resultados grandiosos.

Da mesma forma, celebrar os desafios superados é fundamental. Cada obstáculo vencido comprova sua força e capacidade de adaptação. Ao reconhecer essas superações, você transforma dificuldades em aprendizados valiosos, fortalecendo sua autoconfiança e preparando-se para enfrentar novos desafios com mais coragem.

Mais do que celebrar resultados, é essencial valorizar a jornada. A verdadeira realização está em apreciar cada etapa do caminho, com seus aprendizados e experiências. Celebrar o processo torna a caminhada mais leve e prazerosa, reduzindo a ansiedade pelo futuro e permitindo que você viva plenamente cada momento.

Incorporar a celebração ao cotidiano transforma o sucesso em um processo contínuo e prazeroso. Esse hábito permite que você reconheça o valor do esforço diário, transformando o caminho em algo tão gratificante quanto a chegada. Celebrar se torna, assim, uma ponte entre o que já foi conquistado e o que ainda está por vir, nutrindo a motivação e renovando o entusiasmo para seguir avançando.

Ao compreender que cada vitória carrega lições importantes, você fortalece uma mentalidade de crescimento constante. Celebrar não é apenas festejar resultados, mas honrar o processo, as escolhas e os ajustes feitos ao longo do caminho. Esse equilíbrio entre esforço e reconhecimento sustenta conquistas duradouras e impulsiona a busca por desafios mais ambiciosos.

Permitir-se celebrar é, acima de tudo, respeitar sua própria história. É reconhecer o quanto você evoluiu e valorizar cada passo dado. É nesse espaço de gratidão e reconhecimento que nascem novas ideias, renovam-se as energias e fortalece-se a confiança para avançar. Cada celebração é um lembrete poderoso de que você é capaz de ir além, consolidando o caminho para uma vida plena de significado, prosperidade e realizações.

Ao incorporar a celebração como parte natural da jornada, você passa a enxergar o sucesso não como um destino final, mas como uma construção contínua. Esse olhar atento para cada conquista permite reconhecer o valor do esforço diário e transforma o caminho em algo tão gratificante quanto a própria chegada. Assim, a celebração se torna uma ponte entre o que já foi alcançado e o que ainda está por vir, nutrindo a motivação e renovando o entusiasmo para enfrentar novos desafios com confiança e determinação.

Além disso, compreender que cada vitória carrega aprendizados essenciais fortalece a mentalidade de evolução constante. Celebrar não é apenas reconhecer resultados, mas também honrar o processo, as escolhas e as adaptações feitas ao longo do percurso. Esse equilíbrio entre esforço e reconhecimento gera uma base sólida para sustentar conquistas duradouras e impulsiona a busca por metas mais desafiadoras, com a certeza de que cada passo, por menor que seja, contribui para a construção de uma trajetória de sucesso.

Portanto, permitir-se celebrar é respeitar sua própria história e reconhecer o quanto você evoluiu. É nesse espaço de gratidão e valorização pessoal que surgem novas ideias, renovam-se as energias e fortalece-se a confiança para seguir avançando. Assim, cada celebração se torna um lembrete poderoso de que você é capaz de realizar ainda mais, consolidando o caminho para uma vida plena de significado, prosperidade e conquistas genuínas.

Capítulo 26
Atitude de Gratidão

A gratidão é uma força transformadora que potencializa a forma como a vida se desenrola, criando um fluxo constante de abundância e bem-estar. Reconhecer e valorizar cada conquista, cada gesto de bondade e cada oportunidade recebida fortalece uma conexão profunda com tudo o que já foi alcançado. Essa consciência ativa um ciclo positivo, no qual a apreciação sincera das pequenas e grandes bênçãos naturalmente atrai novas experiências enriquecedoras. Assim como um terreno fértil acolhe sementes que crescem e florescem, a mente grata se torna solo propício para prosperidade, alegria e realizações contínuas.

Ao adotar a gratidão como um modo de viver, é possível perceber que cada aspecto da vida — desde as situações desafiadoras até os momentos mais simples — carrega lições valiosas e oportunidades de crescimento. Essa perspectiva amplia a visão sobre o próprio caminho, permitindo que obstáculos sejam encarados como degraus para o desenvolvimento pessoal. Com esse entendimento, a busca incessante por mais se transforma em contentamento com o que já se tem, gerando equilíbrio e harmonia. Esse estado de apreciação genuína cria espaço para que novas oportunidades surjam de maneira natural e fluida.

Viver com gratidão significa alinhar pensamentos e emoções a uma vibração positiva que reverbera em todas as áreas da vida. Esse alinhamento fortalece a saúde emocional, física e espiritual, proporcionando clareza mental, serenidade e disposição para enfrentar os desafios diários. Ao nutrir esse sentimento, cada conquista se torna mais significativa e cada interação mais profunda. Assim, a gratidão passa a ser não apenas uma resposta a acontecimentos positivos, mas uma escolha diária e consciente de reconhecer o valor presente em cada instante da jornada.

Imagine um copo de vidro, límpido e cheio até a borda com água cristalina. Ao tentar adicionar mais água, inevitavelmente ela transbordará, escorrendo pelas laterais e se perdendo. Assim também acontece com a vida quando não se reconhece e valoriza a abundância já presente. Ignorar as bênçãos que cercam o cotidiano é como tentar encher esse copo sem perceber que ele já está cheio. A gratidão atua como o gesto de parar, observar e apreciar a plenitude desse copo, criando espaço para que novas experiências possam ser acolhidas. Ao reconhecer sinceramente o que já se tem, abre-se caminho para que o universo continue a ofertar mais bênçãos, permitindo a manifestação de sonhos e a construção da vida desejada.

Essa atitude de gratidão vai muito além de um sentimento momentâneo; ela representa uma decisão consciente de direcionar o foco para o que há de positivo e abundante. É como abrir uma janela e permitir que a luz do sol ilumine o interior de um cômodo antes escuro. Ao cultivar esse olhar atento para as pequenas e grandes bênçãos, a vibração pessoal se eleva, criando um campo energético que naturalmente atrai novas oportunidades. Esse estado elevado de consciência não apenas amplia a percepção sobre o mundo ao redor, mas também sintoniza mente e corpo com possibilidades que antes pareciam distantes. A vida, então, flui com mais leveza, e os objetivos tornam-se mais acessíveis, como frutos maduros prontos para serem colhidos.

Além de influenciar a esfera emocional, a gratidão exerce efeitos profundos sobre a saúde física. Praticá-la regularmente desencadeia reações positivas no corpo, reduzindo a produção de hormônios relacionados ao estresse, como o cortisol, e estimulando a liberação de substâncias benéficas, como a serotonina e a dopamina. Esse equilíbrio químico fortalece o sistema imunológico, elevando a produção de anticorpos e células de defesa. Assim, a gratidão se torna uma aliada silenciosa na prevenção de doenças e na promoção de uma saúde mais robusta, criando uma armadura invisível que protege o corpo e a mente.

A serenidade também encontra terreno fértil na prática constante da gratidão. Ao desviar o foco de preocupações excessivas e pensamentos negativos, a mente passa a habitar mais o presente e menos os cenários de ansiedade. Esse redirecionamento mental suaviza o peso do dia a dia, permitindo que desafios sejam enfrentados com mais calma e clareza. Como uma brisa suave que dissipa a neblina, a gratidão clareia o caminho, tornando-o menos árduo e mais compreensível.

O reflexo dessa serenidade estende-se até o descanso noturno. Incorporar a gratidão à rotina antes de dormir transforma o momento de repouso em uma pausa restauradora. Ao revisitar mentalmente os acontecimentos positivos do dia, a mente se acalma, dissolvendo inquietações e favorecendo um sono profundo e reparador. Essa prática simples é como embalar a própria alma em conforto, garantindo que o amanhecer traga mais disposição e ânimo para enfrentar o novo dia.

Reconhecer as próprias conquistas, por menores que sejam, fortalece a autoestima de maneira significativa. A cada passo valorizado, a autoconfiança se expande, moldando uma postura mais segura diante da vida. Celebrar as vitórias diárias, mesmo as discretas, é como plantar sementes que, com o tempo, crescem e se transformam em uma floresta de amor-próprio e determinação. Esse processo alimenta a percepção de valor pessoal e amplia a capacidade de encarar desafios com firmeza e coragem.

Nos relacionamentos, a gratidão se apresenta como um elo invisível que fortalece vínculos afetivos. Pequenos gestos de reconhecimento, como um agradecimento sincero ou um elogio espontâneo, criam pontes de empatia e reciprocidade. Esses gestos, por mais simples que sejam, têm o poder de suavizar conflitos, aprofundar conexões e transformar o ambiente ao redor em um espaço mais harmonioso e acolhedor. A gratidão compartilhada se multiplica, reverberando em relações mais autênticas e sustentáveis.

Ao mesmo tempo, essa prática contínua de reconhecer e valorizar o que se tem desperta uma felicidade genuína. A gratidão amplia a capacidade de encontrar alegria nas pequenas coisas, transformando o cotidiano em um cenário repleto de momentos preciosos. A percepção otimista que surge dessa apreciação constante reconfigura a forma como se enxerga a vida, cultivando um contentamento duradouro que não depende de circunstâncias externas.

Para nutrir esse estado de gratidão, pequenos hábitos diários fazem toda a diferença. Manter um diário da gratidão, por exemplo, é uma forma prática de registrar as experiências, pessoas e momentos que despertam esse sentimento. Escrever sobre a simplicidade de um café quente pela manhã ou sobre uma conversa agradável com um amigo reforça a percepção de que há sempre algo pelo que agradecer. Esse exercício de reflexão diária fortalece a mente para perceber novas razões para se sentir grato, criando um ciclo virtuoso de apreciação.

Outra prática eficaz é a de agradecer antes de dormir. Ao fechar os olhos e revisitar mentalmente as pequenas vitórias e aprendizados do dia, a mente se tranquiliza, e o corpo se prepara para um descanso mais profundo. Esse momento de reflexão não apenas melhora a qualidade do sono, mas também prepara o subconsciente para despertar com mais leveza e disposição.

Expressar gratidão aos outros também é fundamental. Não deixar que o reconhecimento fique apenas no pensamento, mas verbalizá-lo, torna o sentimento ainda mais poderoso. Um simples "obrigado" ou um elogio sincero pode fortalecer laços e espalhar positividade ao redor. Esse gesto, quando genuíno, cria um ciclo de boas energias, nutrindo as relações e tornando os ambientes mais leves.

Escrever cartas de gratidão é outra forma profunda de manifestar esse sentimento. Dedicar tempo para expressar, em palavras, como alguém impactou positivamente sua vida não apenas fortalece o vínculo com essa pessoa, mas também proporciona uma sensação de conexão e realização pessoal. Essa prática transforma o simples ato de agradecer em um presente que toca profundamente quem o recebe.

Assim, a gratidão transcende o simples reconhecimento do que é positivo; ela se torna um estilo de vida, uma postura constante de valorização do presente. A cada nova oportunidade reconhecida e apreciada, mais espaço se cria para a manifestação de novos sonhos e realizações. Como o copo de água que, ao ser cuidadosamente equilibrado, pode receber mais sem transbordar, a vida, quando vivida com gratidão, se expande de forma harmoniosa, acolhendo com leveza e plenitude tudo aquilo que o universo tem a oferecer.

Quando a gratidão se torna parte integrante da vida, cada experiência, seja ela desafiadora ou prazerosa, é percebida como uma oportunidade de aprendizado e evolução. Esse olhar atento e apreciativo transforma a maneira como interagimos com o mundo, tornando-nos mais abertos, resilientes e empáticos. Ao reconhecer o valor de cada momento, passamos a viver com mais propósito, conectando-nos com aquilo que realmente importa e afastando-nos de preocupações desnecessárias. Esse estado de consciência nos conduz a uma existência mais plena, onde o simples ato de agradecer se reflete em atitudes mais positivas e construtivas.

Esse fluxo contínuo de gratidão não apenas enriquece a própria jornada, mas também influencia positivamente aqueles que nos cercam. Pequenos gestos de reconhecimento têm o poder de inspirar e transformar ambientes, criando uma rede de energia positiva que se expande de forma natural. Ao expressar gratidão, contribuímos para a construção de relações mais sólidas e autênticas, favorecendo a cooperação, o respeito mútuo e o crescimento coletivo. Assim, a prática da gratidão transcende o individual e passa a ser uma força de transformação social, capaz de gerar impacto positivo em diferentes esferas da vida.

Compreender a gratidão como um caminho contínuo e não como um destino final nos permite manter o coração aberto para novas experiências e aprendizados. Esse movimento constante de reconhecer e valorizar cada etapa da vida nos fortalece diante das incertezas e nos impulsiona a seguir com leveza e confiança. Ao cultivar essa atitude diariamente, tornamo-nos co-criadores de uma realidade mais harmoniosa e significativa, onde cada passo dado é celebrado e cada conquista, grande ou pequena, é recebida com um sincero sentimento de apreciação.

Capítulo 27
Visualizando o Futuro

Visualizar o futuro consiste em direcionar a mente de forma consciente para construir a realidade desejada com clareza e propósito. Trata-se de criar mentalmente cenários concretos e inspiradores, onde cada detalhe reflete os objetivos que se busca alcançar. Esse processo não depende apenas da imaginação, mas da capacidade de conectar pensamentos, emoções e ações em uma sintonia que impulsiona a realização pessoal e profissional. Ao desenvolver uma visão clara e envolvente do que se deseja conquistar, a mente se alinha naturalmente com atitudes e decisões que favorecem a concretização desses planos. Assim, a visualização deixa de ser um simples exercício mental e se transforma em uma ferramenta prática para transformar intenções em resultados tangíveis.

Esse método fortalece a autoconfiança e a determinação, permitindo que metas sejam traçadas com maior precisão e que obstáculos sejam encarados com resiliência. Quando a mente é treinada para focar nas conquistas futuras, cada passo dado no presente ganha mais significado e direcionamento. Essa clareza de propósito elimina distrações e potencializa a capacidade de identificar oportunidades, facilitando a tomada de decisões estratégicas. A conexão entre pensamento positivo e ação consistente cria um ambiente interno favorável para o crescimento pessoal, motivando a busca constante por evolução e aprimoramento.

Ao integrar a visualização ao cotidiano, a pessoa passa a cultivar uma mentalidade de abundância e prosperidade. Esse alinhamento interno favorece a atração de recursos, pessoas e circunstâncias que colaboram para a concretização dos objetivos.

A prática contínua desse processo fortalece o comprometimento com os próprios sonhos, ampliando a motivação e a energia para superar desafios. Assim, a visualização se torna um poderoso alicerce para construir uma vida plena, guiada por intenções claras, foco e ações alinhadas com o sucesso e a realização pessoal.

Imagine um arquiteto diante de uma folha em branco. Antes de qualquer traço ser esboçado, ele já enxerga, em sua mente, o edifício pronto. Cada detalhe — das linhas estruturais aos materiais escolhidos, das janelas que capturam a luz ao design dos interiores — ganha forma com nitidez. Nada é deixado ao acaso. Essa visualização completa orienta todas as etapas da construção, garantindo que o resultado final seja fiel à sua concepção inicial. Da mesma forma, ao visualizar seu futuro, você se transforma no arquiteto da própria vida, desenhando com clareza e intenção cada aspecto da realidade que deseja viver. A cada imagem mental detalhada, você constrói o alicerce para um futuro sólido, guiado por propósito e determinação.

Assim como o arquiteto precisa de uma planta bem definida para materializar sua obra, visualizar o futuro permite transformar desejos abstratos em objetivos concretos. Essa clareza é essencial para estabelecer prioridades e traçar caminhos viáveis para alcançar metas. Quando se consegue visualizar com riqueza de detalhes o que se deseja conquistar, decisões tornam-se mais estratégicas, as ações mais direcionadas, e as oportunidades passam a ser reconhecidas com mais facilidade. Esse processo não apenas organiza pensamentos, mas também desperta a motivação necessária para agir com foco e persistência, tornando a jornada mais fluida e eficiente.

Essa prática contínua de visualizar o futuro alimenta uma motivação genuína. Ao se imaginar vivendo a vida ideal, essa imagem mental funciona como um combustível emocional. O entusiasmo gerado por essa projeção impulsiona a ação, mantendo o foco mesmo diante dos desafios. Cada dificuldade se transforma em um degrau, e cada obstáculo, em uma oportunidade de crescimento. A mente, nutrida por essas imagens positivas, passa a operar em sintonia com as metas traçadas, criando um ciclo de motivação constante e duradoura.

Mais do que motivação, a visualização fortalece a crença na realização. Quando você se vê atingindo suas metas, experimenta mentalmente a sensação de vitória, reduzindo dúvidas e inseguranças. Essa vivência simbólica das conquistas cria uma base sólida de autoconfiança. A mente passa a acreditar, com convicção, que esses objetivos são possíveis e acessíveis. Com isso, você age com mais coragem e determinação, avançando com firmeza na direção dos seus sonhos.

Essa conexão entre pensamento e realidade também envolve um alinhamento energético. Visualizar frequentemente aquilo que se deseja atrai circunstâncias, recursos e pessoas que favoreçam a realização desses objetivos. É como ajustar uma frequência de rádio até captar o sinal perfeito: pensamentos e emoções entram em harmonia com a vibração do que se quer manifestar. Assim, o ambiente ao seu redor começa a refletir essa nova sintonia, tornando o processo de concretização mais natural e espontâneo.

Para que a visualização seja eficaz, é necessário criar um ambiente propício. Encontrar um lugar tranquilo, onde a mente possa relaxar sem interrupções, é o primeiro passo. Pode ser um canto silencioso da casa, um espaço ao ar livre ou qualquer local que inspire calma. Nesse ambiente, o corpo relaxa, a respiração se aprofunda e a mente se liberta das distrações. Esse estado de serenidade abre caminho para que a imaginação flua de forma vívida e envolvente.

Definir objetivos claros e específicos também é essencial. Refletir profundamente sobre o que realmente se deseja alcançar ajuda a alinhar sonhos com valores pessoais. É importante ser detalhista: como você se vê profissionalmente? Que tipo de relações deseja cultivar? Qual estilo de vida almeja? Quanto mais preciso for esse panorama, mais forte será o impacto da visualização. Metas claras transformam-se em mapas detalhados, guiando cada passo em direção à realização.

Durante esse processo, a criação de imagens mentais vívidas é fundamental. Não basta imaginar de forma superficial. É preciso visualizar com riqueza de detalhes: o ambiente ao redor, as cores, os sons, os aromas e até mesmo as sensações táteis. Imagine como você se move nesse espaço, como interage com as pessoas, como reage diante das situações. Essa experiência mental intensa ativa o subconsciente e estimula a criatividade, tornando mais palpável a transformação dessas imagens em realidade.

Mais do que ver, é preciso sentir. Conectar-se com as emoções que acompanham a realização dos seus objetivos intensifica o impacto da visualização. Experimente a alegria da conquista, a gratidão por cada avanço, a paz por estar trilhando o caminho certo. Essas emoções elevam a vibração energética, aprofundando a conexão entre mente e universo. Ao sentir-se merecedor dessas conquistas, você cria um ambiente interno favorável para que elas se manifestem.

Afirmações positivas complementam esse processo. Repetir frases que reforcem a confiança nos próprios sonhos consolida a conexão entre pensamento e ação. Frases como "Sou plenamente capaz de conquistar meus objetivos" ou "Minha vida está em constante evolução e prosperidade" devem ser ditas com convicção. Essa prática não apenas alimenta a autoconfiança, mas também mantém o foco e a determinação.

A gratidão também desempenha um papel essencial. Agradecer como se seus objetivos já tivessem sido alcançados fortalece a vibração positiva e atrai ainda mais oportunidades. Esse sentimento sincero de gratidão estabelece uma ponte entre o presente e o futuro desejado, ampliando a conexão com o universo e criando um fluxo constante de abundância.

Para que todos esses passos sejam efetivos, a visualização deve se tornar um hábito constante. Reservar momentos diários ou semanais para revisitar seus objetivos e enriquecer suas imagens mentais fortalece o processo de manifestação. A consistência grava essas visões no subconsciente, acelerando o caminho até a realização. Com o tempo, esse exercício mental se transforma em uma ferramenta natural para atrair e concretizar seus sonhos.

Visualizar o futuro é, portanto, uma construção consciente de cada detalhe da vida que se deseja viver. Assim como um arquiteto revisa e aprimora seu projeto antes de iniciar a construção, visualizar constantemente seus objetivos permite ajustar planos, fortalecer intenções e avançar com segurança. A prática contínua de alinhar pensamentos, emoções e ações cria uma base sólida para transformar sonhos em realidade.

Ao se permitir sonhar com clareza e intenção, você se coloca na posição de co-criador da própria vida. Cada pensamento intencional guia suas escolhas diárias, tornando o caminho para a realização mais claro e acessível. Obstáculos deixam de ser barreiras e passam a ser oportunidades de aprendizado e evolução. Pequenos passos diários, orientados por essa visão clara, convertem-se em grandes conquistas.

Portanto, ao integrar a visualização à sua rotina, você constrói um alicerce sólido para o sucesso e a plenitude. Cada pensamento nutrido com propósito se transforma em ação concreta, e cada ação alinhada ao seu propósito aproxima você do futuro desejado. Confie no poder da sua mente e avance com segurança, pois a cada visualização, o futuro que você sonha já começa a ganhar forma dentro de você.

Ao incorporar a visualização como parte essencial da sua rotina, você estabelece uma conexão profunda entre seus desejos e suas ações diárias. Cada pensamento intencional passa a influenciar de maneira positiva suas escolhas, tornando o caminho para a realização mais claro e acessível. Essa prática contínua não só alimenta sua motivação, mas também fortalece sua resiliência diante de desafios, permitindo que você encare obstáculos como oportunidades de crescimento e aprendizado. Assim, a visualização se integra naturalmente ao seu processo de evolução, guiando seus passos com confiança e propósito.

Com o tempo, os resultados dessa prática começam a se manifestar de forma concreta em diferentes áreas da vida. Pequenas conquistas diárias se transformam em grandes avanços, reforçando a certeza de que seus sonhos são possíveis e tangíveis. A clareza dos seus objetivos atrai oportunidades alinhadas com seus valores e fortalece conexões com pessoas que compartilham dos mesmos propósitos. Esse fluxo constante de crescimento evidencia que a visualização não é apenas um exercício mental, mas uma ponte entre a intenção e a realização.

    Portanto, ao visualizar o futuro com detalhes e emoção, você constrói uma base sólida para o sucesso e a plenitude. Cada pensamento cultivado com intenção se transforma em ação, e cada ação alinhada ao seu propósito contribui para a criação da realidade desejada. Permita-se acreditar no poder da sua mente e siga em frente com confiança, sabendo que cada passo dado hoje aproxima você do futuro que já começou a ser moldado dentro de você.

Capítulo 28
Agindo com Intuição

A intuição representa uma forma de sabedoria interior profundamente conectada com a essência de cada indivíduo. Ela surge como uma percepção sutil, mas poderosa, capaz de orientar decisões, proteger contra adversidades e apontar oportunidades promissoras. Ao confiar nesse guia interno, as escolhas tornam-se mais autênticas e alinhadas com os valores pessoais, permitindo que a vida flua de maneira mais harmoniosa e significativa. Esse processo envolve reconhecer e valorizar os sinais que o corpo e a mente captam de maneira quase imperceptível, integrando experiências e conhecimentos que vão além da lógica racional. Assim, agir com intuição significa permitir que essa sabedoria natural influencie de forma positiva os caminhos percorridos, promovendo equilíbrio e clareza nas decisões cotidianas.

Essa conexão com a intuição fortalece a autoconfiança, uma vez que cada decisão bem-sucedida reforça a crença nas próprias percepções e instintos. Com o tempo, essa prática constante desenvolve uma capacidade aguçada de discernir situações favoráveis e desfavoráveis, criando um ciclo positivo de confiança e assertividade. A intuição também amplia a percepção de oportunidades, despertando a sensibilidade para identificar momentos decisivos que podem ser determinantes para o crescimento pessoal e profissional. Esse alinhamento com a própria essência facilita escolhas mais coerentes com os objetivos e propósitos, conduzindo a uma vida mais plena e abundante.

Cultivar a intuição exige dedicação e abertura para ouvir a própria voz interior. Práticas como meditação, momentos de silêncio e reflexão, além da observação atenta de sensações e emoções, são fundamentais para fortalecer essa conexão. Ao integrar essas práticas no dia a dia, torna-se possível acessar uma sabedoria profunda que orienta com clareza, mesmo diante de incertezas. Confiar nesse processo é essencial para agir com mais segurança e autenticidade, permitindo que a intuição se torne uma ferramenta poderosa para transformar desafios em oportunidades e construir uma trajetória de realizações alinhadas com o verdadeiro propósito de vida.

Imagine um navegador solitário em alto-mar, cercado por uma densa neblina. Sem instrumentos visíveis para guiá-lo, ele se volta para as estrelas ocultas e para um instinto silencioso que pulsa dentro de si. Esse navegador confia em algo além da razão — uma bússola invisível que o conduz de volta para casa. Assim é a intuição: um farol interno que ilumina caminhos mesmo nas situações mais incertas, guiando decisões que ressoam com nossos valores mais profundos, nossos sonhos e o propósito que dá sentido à vida.

Essa sabedoria interior atua como uma ponte direta para o vasto conhecimento armazenado no subconsciente, integrando experiências, emoções e aprendizados de maneiras que a lógica racional muitas vezes não alcança. Quando nos permitimos ouvir essa voz interna, acessamos uma fonte de orientação autêntica, capaz de alinhar nossas escolhas com aquilo que realmente somos. Como um sussurro persistente, a intuição nos orienta a reconhecer caminhos mais coerentes, afastando distrações e conduzindo-nos com segurança em direção a uma vida mais plena e abundante.

Ao seguir esse guia interno, desenvolvemos a capacidade de fazer escolhas mais assertivas, evitando desvios que nos afastariam de nossos objetivos. A intuição se apresenta como um filtro natural, destacando oportunidades alinhadas com nossos propósitos e alertando sobre caminhos que podem não ser favoráveis. Cada decisão bem-sucedida tomada com base nessa percepção reforça a autoconfiança e cria um ciclo virtuoso de confiança e assertividade. Essa confiança ampliada nos impulsiona a agir com mais coragem, mesmo diante do desconhecido, transformando desafios em degraus para o crescimento pessoal e profissional.

Além disso, a intuição desempenha um papel fundamental na proteção contra situações adversas. Pequenos desconfortos, sensações inexplicáveis ou alertas sutis podem ser sinais de que algo não está certo. Respeitar esses sinais é uma forma de autopreservação, evitando riscos desnecessários e afastando-se de ambientes ou pessoas que possam ser prejudiciais. Esse instinto de proteção muitas vezes atua mais rápido do que qualquer análise lógica, preservando o equilíbrio emocional e físico.

Mas a intuição não apenas alerta sobre perigos; ela também abre portas para oportunidades. Como um radar sensível, capta possibilidades promissoras antes mesmo que se tornem evidentes. Essa percepção antecipada permite que estejamos preparados para agir no momento certo, aproveitando ocasiões únicas que poderiam passar despercebidas. Confiar nesses insights nos coloca em posição de vantagem, permitindo que decisões sejam tomadas com segurança e agilidade.

Cultivar a intuição, no entanto, exige prática e entrega. A mente, muitas vezes saturada de estímulos externos, precisa de momentos de silêncio e introspecção para ouvir a voz interna. Práticas como meditação, respiração consciente e reflexão são essenciais para acalmar a mente e criar espaço para que a intuição se manifeste com clareza. Ao desacelerar o fluxo de pensamentos, abrimos caminho para perceber com mais nitidez as respostas que já habitam em nós.

Observar os sinais do corpo também é fundamental. A intuição se comunica por meio de sensações físicas sutis — um aperto no peito, um frio na barriga ou uma leve tensão nos ombros. Emoções repentinas, ideias espontâneas e coincidências recorrentes são manifestações dessa sabedoria interior. Prestar atenção a esses sinais e interpretar seu significado fortalece a conexão com a intuição e amplia a percepção do mundo ao redor.

Quando surgem pressentimentos fortes ou impulsos inexplicáveis, é importante confiar nesses instintos, mesmo que não façam sentido imediato. Muitas vezes, a intuição indica caminhos que a razão não compreende no momento, mas que revelam ser acertados com o tempo. Esse ato de confiar é uma entrega ao fluxo natural da vida, permitindo que escolhas sejam guiadas não apenas pela lógica, mas pela sabedoria profunda que habita dentro de nós.

Registrar esses insights, pensamentos e sonhos em um diário pode ser uma ferramenta poderosa. Ao anotar percepções intuitivas, padrões começam a emergir, facilitando a compreensão da forma como a intuição se manifesta. Esse hábito de escrita não apenas organiza pensamentos, mas também reforça a confiança nos próprios instintos, tornando-os mais acessíveis e claros no cotidiano.

Nos momentos de decisão, especialmente aqueles de grande impacto, reservar um instante para ouvir a própria intuição pode revelar respostas mais autênticas. Decisões importantes, como mudanças de carreira, investimentos financeiros ou novos relacionamentos, podem ser melhor conduzidas quando alinhadas com esse saber interno. A intuição oferece uma perspectiva única, muitas vezes revelando soluções criativas ou prevenindo escolhas precipitadas.

Nos relacionamentos, a intuição atua como um radar emocional. Ela identifica sutilezas no comportamento das pessoas, permitindo discernir quem verdadeiramente contribui para o nosso crescimento e quem pode representar um obstáculo. Confiar nesse discernimento é essencial para construir vínculos saudáveis e harmoniosos, cercando-se de pessoas que compartilham energias positivas e propósitos alinhados.

No campo financeiro, a intuição complementa a análise racional. Ao considerar investimentos ou decisões de negócios, perceber sinais internos que sugerem cautela ou entusiasmo pode ser decisivo. Esse equilíbrio entre lógica e intuição evita riscos desnecessários e destaca oportunidades lucrativas que talvez passassem despercebidas.

A criatividade também floresce sob a influência da intuição. Ideias que surgem espontaneamente, sem explicação lógica, podem ser fontes de inovação e originalidade. Permitir-se explorar essas ideias, mesmo que inicialmente pareçam desconexas, abre caminho para criações autênticas que refletem a essência de quem somos. A intuição, nesse contexto, é uma fonte inesgotável de inspiração.

Para fortalecer essa habilidade, é essencial cultivar a autoconfiança. Acreditar nas próprias percepções e validar os sinais que surgem é o primeiro passo. A prática constante de confiar na intuição, mesmo diante de incertezas, desenvolve uma relação mais profunda com a própria voz interior, tornando-a uma aliada constante nas decisões do dia a dia.

É importante também ter paciência. O desenvolvimento da intuição é um processo gradual, que se fortalece com o tempo e a experiência. Práticas diárias de autoconhecimento, como meditação e reflexão, afinam a sensibilidade para captar sinais sutis. Respeitar esse ritmo de crescimento e confiar no processo é fundamental para que a intuição se torne um guia seguro.

E, acima de tudo, é necessário não temer os erros. Nem todas as decisões intuitivas serão corretas, mas cada experiência, seja ela bem-sucedida ou não, traz aprendizados valiosos. Aceitar os erros como parte do caminho fortalece a confiança para agir intuitivamente, sem o peso da autocrítica, e amplia a capacidade de interpretar os sinais com mais clareza.

Conectar-se com a natureza é outra forma poderosa de nutrir a intuição. A simplicidade e o silêncio dos ambientes naturais acalmam a mente e ampliam a percepção. Caminhadas ao ar livre, momentos de contemplação ou apenas ouvir o som do vento e da água são práticas que restauram o equilíbrio e aprofundam a conexão com a sabedoria interna.

Agir com intuição é, portanto, permitir-se viver com mais autenticidade e presença. É confiar que a vida oferece respostas sutis, e que cada escolha guiada por esse saber interior constrói uma trajetória mais coerente e significativa. Ao honrar essa voz silenciosa, transformamos desafios em oportunidades e damos forma a uma vida mais verdadeira, plena e alinhada com quem realmente somos.

Ao integrar a intuição de forma consciente na rotina, torna-se possível navegar com mais leveza pelos desafios da vida. Essa conexão profunda com a sabedoria interna não elimina as dificuldades, mas oferece clareza para enfrentá-las com equilíbrio e autenticidade. Com o tempo, a prática constante de ouvir e respeitar os próprios sinais internos transforma a maneira como se lida com escolhas e imprevistos, permitindo que cada passo seja dado com mais confiança e propósito.

Esse alinhamento com a intuição não apenas fortalece a autoconfiança, mas também promove uma relação mais harmoniosa com o mundo ao redor. Ao perceber as sutilezas das situações e das pessoas, cria-se um espaço de respeito e compreensão mútua, facilitando conexões genuínas e decisões mais acertadas. A intuição passa a ser um elo entre a razão e o sentimento, guiando com sensibilidade e firmeza para caminhos que favoreçam o crescimento pessoal e coletivo.

Assim, agir com intuição é um convite para viver de forma mais presente e conectada com a própria essência. É permitir-se confiar no fluxo da vida, reconhecendo que cada escolha, guiada por esse saber interno, contribui para a construção de uma jornada mais autêntica e plena. Ao valorizar essa voz sutil que habita o íntimo, abre-se espaço para viver com mais verdade, coragem e propósito, transformando desafios em oportunidades e sonhos em realidade.

Capítulo 29
Conexão Espiritual

A conexão espiritual representa um elo profundo e essencial com uma força maior, capaz de nutrir a alma e iluminar o caminho da vida com propósito e equilíbrio. Essa ligação transcende a compreensão racional, despertando uma sensação genuína de pertencimento ao universo e revelando a harmonia existente entre o ser humano e o divino. Ao fortalecer esse vínculo, torna-se possível acessar uma fonte inesgotável de amor, sabedoria e força interior, que guia decisões, inspira ações e promove crescimento pessoal. Esse estado de conexão amplia a percepção de que cada experiência tem um propósito e que a vida flui em perfeita sincronia com uma ordem superior.

Essa integração espiritual eleva a consciência, permitindo que emoções como gratidão, compaixão e paz interior se manifestem de maneira natural. O alinhamento com essa energia superior desperta um estado de equilíbrio e serenidade, tornando os desafios mais leves e as conquistas mais significativas. Essa harmonia interna não só fortalece a fé em si mesmo e na vida, mas também cria espaço para reconhecer e atrair oportunidades de crescimento e prosperidade. A espiritualidade, quando cultivada com autenticidade, transforma a maneira como se percebe o mundo, promovendo uma existência mais plena e alinhada com o verdadeiro propósito.

Para aprofundar essa conexão, é essencial adotar práticas que integrem corpo, mente e espírito, permitindo o florescimento de uma consciência mais elevada. A meditação, a oração, o contato com a natureza e a reflexão contínua são caminhos eficazes para silenciar o ruído externo e ouvir a voz interior. Por meio dessas práticas, desenvolve-se a capacidade de interpretar os sinais da vida com clareza, tomar decisões mais sábias e agir com confiança. Ao estabelecer essa relação íntima com o divino, torna-se possível acessar uma abundância que se manifesta em todas as áreas da vida, criando uma jornada pautada pelo amor, pela harmonia e pelo verdadeiro bem-estar.

Imagine uma árvore robusta, cujas raízes profundas se estendem pelo solo, absorvendo nutrientes vitais e oferecendo sustentação. Assim como essa árvore se nutre da terra para crescer e florescer, a conexão espiritual é o alicerce invisível que nos une a uma fonte de energia maior, abastecendo-nos com força, sabedoria e equilíbrio. Essa ligação com o divino nos fortalece diante dos desafios e nos permite florescer em todas as áreas da vida.

Essa conexão espiritual não é apenas uma ideia abstrata, mas uma experiência profunda que preenche a alma com propósito e significado. Ao reconhecer essa força maior, despertamos para a compreensão de que cada acontecimento, por mais simples ou desafiador que seja, carrega um propósito. Passamos a perceber que a vida segue um fluxo em perfeita harmonia com uma ordem superior, onde tudo acontece no momento certo para nosso crescimento e evolução. Essa consciência nos traz serenidade para aceitar o que não podemos controlar e coragem para agir quando é necessário.

Estar espiritualmente conectado eleva nossa vibração e nos coloca em sintonia com sentimentos genuínos de amor, gratidão, compaixão e paz interior. Esse alinhamento não apenas suaviza os desafios cotidianos, mas também amplia a nossa capacidade de celebrar as conquistas com humildade e alegria. Quando vibramos nessa frequência elevada, atraímos naturalmente experiências positivas e oportunidades que contribuem para nosso desenvolvimento. A espiritualidade, quando vivida de forma autêntica, transforma nossa maneira de enxergar o mundo e nos permite viver com mais leveza, propósito e plenitude.

Essa integração espiritual também fortalece a fé — não apenas como crença em algo maior, mas como uma confiança inabalável de que estamos sendo guiados e amparados. A fé nos dá segurança para seguir em frente, mesmo diante das adversidades. Ela nos lembra que, embora não possamos prever o caminho inteiro, podemos confiar no próximo passo. Com essa confiança, as decisões se tornam mais claras, e os desafios são enfrentados com coragem e resiliência.

Além disso, a conexão espiritual desperta a intuição, essa voz sutil que nos guia com sabedoria e clareza. Ao silenciar a mente e ouvir essa orientação interna, tomamos decisões mais alinhadas com nossos valores e propósito de vida. Essa escuta atenta nos protege de escolhas impulsivas e nos orienta para caminhos que realmente contribuem para nossa evolução. A intuição, fortalecida pela espiritualidade, funciona como uma bússola que nos direciona com segurança e leveza.

Outro aspecto fundamental dessa conexão é o despertar do propósito de vida. Muitas vezes, a busca por sentido se perde em meio às pressões e expectativas externas. No entanto, ao fortalecer o vínculo com o divino, somos conduzidos a uma compreensão mais profunda de quem somos e do que viemos realizar. Esse propósito, quando identificado, nos impulsiona com motivação genuína, tornando cada ação mais significativa e alinhada com nossos valores mais profundos.

A gratidão também floresce naturalmente nesse estado de conexão. Ao reconhecer as bênçãos diárias, pequenas ou grandes, criamos espaço para que mais abundância se manifeste. A gratidão transforma a maneira como percebemos a vida, permitindo que nos concentremos nas dádivas que já recebemos, o que, por sua vez, atrai novas oportunidades e experiências positivas. Esse ciclo virtuoso de gratidão e abundância nos conduz a uma jornada de constante realização.

A compaixão surge como outro fruto dessa conexão espiritual. Ao nos sentirmos parte de algo maior, desenvolvemos empatia não apenas por nós mesmos, mas por todos os seres. Essa compreensão nos convida a agir com mais gentileza, paciência e amor, contribuindo para relações mais saudáveis e para um ambiente de convivência mais harmonioso. A compaixão, quando cultivada, fortalece os vínculos humanos e promove um senso de unidade e solidariedade.

Para aprofundar essa conexão, práticas diárias são essenciais. A meditação, por exemplo, nos conduz ao silêncio interior, permitindo que a mente se acalme e que a sabedoria interna aflore. Esse hábito constante amplia nossa percepção e fortalece a relação com o divino, criando uma sensação de paz e equilíbrio. A meditação nos ensina a habitar o presente e a ouvir os sussurros da alma.

A oração também se destaca como uma poderosa ferramenta de conexão. Mais do que palavras, a oração é um diálogo íntimo com o sagrado, onde expressamos gratidão, buscamos orientação e renovamos nossa fé. Essa prática nos lembra de que não estamos sozinhos e nos oferece conforto e força nos momentos de incerteza.

Práticas físicas, como o yoga, complementam esse processo. O yoga integra corpo, mente e espírito por meio de movimentos conscientes, respiração e meditação. Esse alinhamento promove bem-estar físico, clareza mental e expansão espiritual, estabelecendo uma conexão profunda com nossa essência. O corpo passa a ser reconhecido como um templo sagrado, que merece cuidado e respeito.

O contato com a natureza também é uma das maneiras mais simples e eficazes de se reconectar com o divino. Observar o movimento das árvores, ouvir o canto dos pássaros ou sentir a brisa no rosto são experiências que nos remetem à grandiosidade da criação. Estar em meio à natureza nos lembra da simplicidade e da beleza da vida, renovando nossas energias e nos trazendo de volta ao nosso centro.

Estudar textos sagrados é outra forma de expandir a compreensão espiritual. As escrituras oferecem ensinamentos profundos e atemporais que iluminam o caminho com sabedoria. Refletir sobre essas mensagens nos permite integrar valores espirituais em nossas decisões e ações diárias, guiando-nos com ética e compaixão.

Ações de caridade e atos de bondade também são manifestações práticas da espiritualidade. Ao estender a mão ao próximo, compartilhamos o amor divino e contribuímos para o bem coletivo. Ajudar os outros, seja com palavras de apoio ou ações concretas, fortalece nossa conexão com a essência da vida e nos permite vivenciar a verdadeira abundância.

O perdão se apresenta como uma prática essencial para a paz interior. Libertar-se de mágoas e ressentimentos nos alinha com a energia do amor e nos permite seguir em frente com leveza. O perdão, seja a nós mesmos ou aos outros, dissolve bloqueios emocionais e abre espaço para a cura e a renovação.

Por fim, o autoconhecimento é o caminho que integra todas essas práticas. Conhecer-se profundamente é essencial para viver com autenticidade e plenitude. Essa jornada interna nos revela nossos valores, limites e potenciais, permitindo que nossas escolhas estejam alinhadas com nosso propósito divino. O autoconhecimento ilumina o caminho para uma vida mais consciente e abundante.

Quando a conexão espiritual se torna parte do nosso cotidiano, todas as áreas da vida se transformam. A prosperidade financeira flui de forma equilibrada, as emoções se estabilizam, a mente se torna clara e criativa, o corpo ganha vitalidade e o espírito se expande. Esse estado de plenitude reflete uma vida vivida com significado, guiada por sabedoria e amor.

Assim, cultivar a conexão espiritual é permitir que a vida se desenrole em harmonia com o universo. É confiar que cada passo nos conduz a uma existência mais autêntica e significativa. Quando nos entregamos a essa conexão, florescemos como a árvore de raízes profundas: firmes, nutridos e prontos para alcançar o céu.

Quando a conexão espiritual se torna parte integral da vida, cada experiência ganha um significado mais profundo e consciente. As dificuldades passam a ser vistas como oportunidades de crescimento e aprendizado, enquanto as conquistas são celebradas com gratidão e humildade. Esse estado de presença e alinhamento com o divino fortalece a confiança no fluxo natural da vida, permitindo que os desafios sejam enfrentados com serenidade e que as vitórias sejam apreciadas como reflexo de um propósito maior sendo cumprido.

Essa relação íntima com o sagrado também amplia a compaixão e a empatia, não apenas consigo mesmo, mas com todos os seres. A compreensão de que tudo está interligado desperta um senso de responsabilidade coletiva, inspirando atitudes mais conscientes e harmoniosas. Assim, a conexão espiritual transcende o âmbito individual e se estende ao mundo ao redor, promovendo equilíbrio, respeito e amor em cada interação, contribuindo para um ambiente mais pacífico e colaborativo.

Ao cultivar essa conexão contínua com o divino, a vida se transforma em uma jornada de plenitude, propósito e abundância. O caminho torna-se mais leve, guiado pela sabedoria interior e pela confiança no universo. Cada passo é dado com mais consciência, cada decisão reflete a autenticidade do ser, e cada momento é vivido com profundidade. Assim, a conexão espiritual não apenas ilumina o caminho, mas também fortalece as raízes, permitindo que você floresça com amor, sabedoria e verdadeira paz.

Capítulo 30
Servindo ao Mundo

Servir ao mundo representa um compromisso genuíno de utilizar talentos, habilidades e paixões para gerar impacto positivo e contribuir com o bem coletivo. Essa atitude transcende interesses individuais e se manifesta por meio de ações concretas que promovem transformação social, ambiental e humana. Cada gesto de generosidade e solidariedade fortalece a construção de uma sociedade mais justa, inclusiva e sustentável, demonstrando que a verdadeira abundância se multiplica quando é compartilhada. A conexão com esse propósito eleva a consciência e desperta a responsabilidade de atuar ativamente na melhoria do mundo, criando um ciclo contínuo de crescimento pessoal e coletivo.

Ao direcionar esforços para causas significativas, é possível influenciar positivamente a vida de outras pessoas e fortalecer vínculos humanos. O engajamento em ações sociais, ambientais ou educacionais amplia a compreensão das necessidades do mundo e reforça a importância da empatia, do respeito e da cooperação. Essa postura inspira atitudes de compaixão e responsabilidade, cultivando um ambiente onde todos podem prosperar. Assim, servir ao mundo torna-se uma oportunidade de alinhar valores pessoais com ações práticas, criando impactos reais que reverberam em diversas esferas da sociedade.

Essa jornada de serviço ao próximo não apenas beneficia a coletividade, mas também proporciona um profundo senso de realização e propósito. O envolvimento em causas nobres fortalece a autoestima, desenvolve habilidades interpessoais e expande redes de apoio. Cada contribuição, por menor que pareça, é uma semente plantada para um futuro mais harmonioso e abundante. Servir ao mundo é, portanto, um caminho de transformação mútua, onde quem oferece também recebe, experimentando a plenitude que surge ao fazer a diferença na vida de outras pessoas.

Imagine um jardineiro dedicado, que cuida com amor do seu próprio jardim, mas não se contenta em manter a beleza apenas para si. Ele compartilha suas flores, seus frutos e até suas sementes com a comunidade ao seu redor. Esse ato de generosidade espalha cores, aromas e vida, tornando o ambiente coletivo mais bonito e acolhedor. Servir ao mundo é como ser esse jardineiro: cultivar o bem com nossos talentos e compartilhar o que temos de melhor para florescer a vida de todos ao nosso redor.

Quando colocamos nossos dons e habilidades a serviço do bem coletivo, nos conectamos profundamente com o verdadeiro propósito da existência. Essa entrega transcende interesses pessoais e nos alinha com algo maior, promovendo impactos que reverberam em diversas esferas da sociedade. Servir ao mundo não significa apenas grandes feitos; envolve também pequenos gestos diários de empatia, generosidade e solidariedade. Cada ação positiva, por menor que pareça, é uma semente plantada que germina em transformação social, ambiental e humana.

Essa postura de serviço amplia nossa consciência e nos conecta diretamente com a abundância da vida. Ao agir com amor, compaixão e gratidão, elevamos nossa vibração e atraímos experiências positivas. Esse estado de alinhamento energético não apenas fortalece o equilíbrio interior, mas também abre caminhos para novas oportunidades. A vida se torna mais leve e fluida, pois a energia que doamos retorna multiplicada. O ato de servir, portanto, não é um sacrifício, mas uma via de mão dupla: enquanto oferecemos, também recebemos.

Além disso, dedicar-se ao próximo fortalece a autoestima e o senso de pertencimento. Ao perceber que nossas ações impactam positivamente outras pessoas, sentimos um profundo senso de realização. Esse sentimento de utilidade e propósito nos empodera, incentivando-nos a continuar contribuindo. É um ciclo virtuoso onde o ato de doar se transforma em fonte de motivação, alegria e crescimento pessoal.

Para trilhar esse caminho de serviço com autenticidade, é essencial identificar nossas paixões e talentos. Cada pessoa possui habilidades únicas que podem ser aplicadas de forma prática e transformadora. Seja ensinando, criando, organizando ou apoiando, há sempre uma maneira de contribuir. Quando direcionamos nossos dons para causas que nos inspiram, nosso impacto se torna ainda mais significativo e sustentável.

Encontrar oportunidades de voluntariado é uma forma direta de colocar em prática esse propósito. Participar de projetos sociais, ambientais ou educacionais nos aproxima das realidades que mais precisam de atenção. O envolvimento em ações concretas fortalece laços comunitários, expande nossa visão de mundo e nos conecta com pessoas que compartilham dos mesmos valores.

Outra maneira de servir é por meio da doação consciente. Contribuir financeiramente com instituições e projetos alinhados aos nossos princípios é uma forma eficaz de apoiar iniciativas que promovem mudanças reais. Mais do que o valor material, é o gesto de comprometimento com o bem coletivo que gera impacto. Pequenas contribuições, somadas a muitas outras, têm o poder de transformar vidas.

Compartilhar conhecimentos e experiências também é uma forma poderosa de servir. Oferecer mentorias, palestras ou oficinas permite que outras pessoas tenham acesso a ferramentas e informações que podem abrir portas para novas oportunidades. Essa troca de saberes multiplica o impacto positivo e incentiva o crescimento pessoal e profissional de quem busca evolução.

Praticar o consumo consciente é igualmente importante. Escolher apoiar empresas e produtos que respeitam o meio ambiente, promovem a justiça social e adotam práticas éticas reforça a responsabilidade coletiva. Nossas escolhas de consumo influenciam diretamente o mundo ao nosso redor e podem ser uma forma de serviço quando guiadas por princípios de sustentabilidade e ética.

Ser um agente de mudança começa nas atitudes diárias. Um simples gesto de gentileza, uma palavra de incentivo ou uma ação de respeito ao próximo têm o poder de inspirar grandes transformações. Pequenas atitudes, quando praticadas com constância, criam uma cultura de cuidado e solidariedade que se espalha e motiva outras pessoas a também agirem pelo bem comum.

Existem diversas áreas nas quais podemos servir ao mundo. No meio ambiente, podemos participar de iniciativas de preservação, como plantio de árvores ou campanhas de reciclagem. Na educação, apoiar projetos de alfabetização ou mentorias pode ser uma chave para reduzir desigualdades. Na saúde, o voluntariado em hospitais e casas de apoio leva conforto e esperança a quem mais precisa. No combate à pobreza, doar alimentos, roupas e tempo ajuda a minimizar dificuldades. Na defesa dos direitos humanos, lutar contra a discriminação e promover a igualdade constrói uma sociedade mais justa e segura.

Para servir ao mundo de maneira efetiva, não é preciso começar com grandes projetos. Pequenos passos têm grande valor. Um simples gesto de carinho pode ser o início de um impacto transformador. Ao identificar as causas que nos tocam profundamente, nosso envolvimento se torna mais autêntico e persistente. A consistência nas ações é fundamental para gerar mudanças reais e sustentáveis.

Trabalhar em equipe potencializa ainda mais esse impacto. Ao unir forças com outras pessoas que compartilham dos mesmos ideais, criamos movimentos mais fortes e abrangentes. Juntos, superamos desafios e alcançamos resultados que, individualmente, seriam limitados. A cooperação amplia o alcance das ações e fortalece o espírito de comunidade.

Reconhecer e celebrar cada pequena conquista nesse caminho é essencial. Valorizar o progresso, por menor que seja, alimenta a motivação e inspira outros a seguirem o mesmo caminho. A construção de um mundo melhor não acontece de um dia para o outro, mas cada passo é fundamental. Celebrar essas etapas nos lembra de que estamos avançando e faz com que a jornada seja ainda mais gratificante.

Servir ao mundo também é uma jornada de autodescoberta. Cada experiência vivida nesse processo nos revela novas perspectivas, aprofunda nossos valores e fortalece nossa esperança em um futuro mais justo e compassivo. A entrega sincera transforma não apenas quem é ajudado, mas também quem ajuda. Esse ciclo contínuo de dar e receber nutre a alma e gera um senso profundo de pertencimento.

Ao colocarmos nossos talentos e recursos a serviço do bem coletivo, deixamos um legado de amor, respeito e solidariedade. Cada ação positiva é uma semente plantada que florescerá em novos frutos de esperança e harmonia. Assim, servir ao mundo se torna um caminho de realização pessoal e coletiva, onde todos saem transformados e enriquecidos.

Portanto, ser como o jardineiro que compartilha suas flores e sementes é compreender que o verdadeiro crescimento acontece quando nossas ações florescem na vida de outras pessoas. Quando escolhemos servir, não apenas ajudamos a transformar o mundo, mas também nos transformamos, descobrindo a verdadeira essência da abundância e da realização.

Servir ao mundo é um convite constante à reflexão sobre o papel que cada indivíduo desempenha na construção de um futuro mais equilibrado e harmonioso. Esse compromisso não exige grandes gestos para ser significativo; muitas vezes, são as atitudes simples e autênticas que mais tocam e transformam vidas. O impacto gerado por uma palavra de incentivo, um sorriso acolhedor ou um gesto de apoio sincero é imensurável, pois reverbera positivamente nas relações humanas e inspira mudanças silenciosas, porém profundas. Assim, cada pessoa tem a capacidade de se tornar um agente de transformação, contribuindo com aquilo que possui de mais valioso: sua humanidade.

Ao abraçar essa jornada de serviço, percebe-se que o verdadeiro poder reside na colaboração e no espírito coletivo. A união de esforços individuais cria movimentos grandiosos, capazes de superar desafios complexos e promover avanços significativos em diversas áreas. Quando talentos, recursos e intenções convergem para o bem comum, formam-se redes de solidariedade que fortalecem comunidades e ampliam o alcance das ações. Esse caminho compartilhado reforça a noção de que ninguém está sozinho na missão de melhorar o mundo e que, juntos, somos mais fortes e eficazes.

    Por fim, servir ao mundo é também um processo de autodescoberta e evolução. Cada experiência vivida nessa entrega genuína revela novas perspectivas, fortalece valores essenciais e alimenta a esperança de um futuro mais compassivo e justo. Esse ciclo virtuoso de dar e receber transforma não apenas quem é ajudado, mas também quem ajuda, despertando um senso profundo de pertencimento e propósito. Assim, ao colocar o coração e os talentos a serviço do bem coletivo, constrói-se um legado duradouro, onde cada ação positiva é uma semente que florescerá em novas oportunidades de crescimento e harmonia para todos.

Capítulo 31
Seguindo sua Intuição

A intuição surge como uma ferramenta essencial e confiável para orientar decisões e escolhas ao longo da vida. Ela representa uma sabedoria natural, profundamente enraizada na experiência pessoal e no conhecimento acumulado, capaz de indicar caminhos que conduzem ao crescimento, bem-estar e realização. Confiar nesse sentido interno significa reconhecer e valorizar os sinais sutis que se manifestam por meio de sensações, percepções e pensamentos espontâneos. Esse processo envolve uma escuta atenta e uma conexão genuína com a própria essência, permitindo que decisões sejam tomadas de forma mais autêntica e alinhada com os verdadeiros desejos e propósitos pessoais. Quando se aprende a respeitar e a seguir esses direcionamentos internos, abre-se espaço para vivenciar experiências mais satisfatórias, relações mais saudáveis e oportunidades que impulsionam o desenvolvimento em diversas áreas da vida.

Ao fortalecer a conexão com a intuição, torna-se possível perceber oportunidades que antes passavam despercebidas, evitando armadilhas e identificando com mais clareza os melhores caminhos a seguir. Essa percepção aguçada contribui para escolhas mais assertivas, tanto no âmbito profissional quanto nas relações interpessoais e na gestão de desafios cotidianos. A intuição age como um farol silencioso, iluminando trajetórias que muitas vezes não são imediatamente evidentes pela lógica, mas que conduzem a resultados positivos e enriquecedores. Desenvolver essa sensibilidade implica cultivar momentos de reflexão, silenciar a mente diante do ruído externo e confiar nas próprias percepções, mesmo quando estas parecem contrariar padrões racionais. Essa prática contínua de autoconhecimento e autoconfiança permite construir uma base sólida para decisões mais coerentes com os objetivos pessoais.

Além disso, integrar a intuição no cotidiano amplia a autoconfiança e a capacidade de agir com determinação diante de desafios. Essa força interior, quando reconhecida e respeitada, promove equilíbrio emocional e clareza mental, fundamentais para enfrentar mudanças e incertezas com mais segurança. A intuição, portanto, não é apenas um recurso esporádico, mas uma habilidade natural que pode ser constantemente aprimorada. Ao confiar nesse instinto, cria-se uma harmonia entre razão e sentimento, permitindo que cada passo seja dado com convicção e autenticidade. Essa integração consciente da intuição nas decisões diárias abre portas para uma vida mais plena, equilibrada e alinhada com o verdadeiro propósito de cada indivíduo.

Imagine um explorador solitário mergulhando em uma floresta densa e desconhecida. Sem um mapa ou bússola física, ele avança confiando apenas em seus instintos mais profundos. Cada som, cada movimento das folhas e cada sutil mudança na direção do vento tornam-se sinais silenciosos, orientando seus passos. Esse explorador observa com atenção as trilhas quase invisíveis, percebe o canto de pássaros que indicam perigos ocultos e sente no ar a presença de caminhos seguros. Não há garantias de que cada decisão o levará diretamente ao destino desejado, mas ele compreende que há sabedoria em cada escolha instintiva. Assim, a floresta, antes intimidadora, revela-se um território de possibilidades, onde a confiança em sua própria percepção abre espaço para descobertas e aprendizados valiosos. Seguir a intuição é exatamente como ser esse explorador, desbravando as incertezas da vida com coragem e confiança em uma bússola interna que, silenciosa e firme, indica o caminho a seguir.

Essa mesma intuição atua como uma ponte entre o indivíduo e a abundância em todas as áreas da vida. Ao se conectar com sua verdade interior, torna-se possível acessar desejos autênticos, paixões genuínas e talentos que, muitas vezes, permanecem adormecidos sob as pressões externas. Esse autoconhecimento profundo direciona escolhas mais alinhadas com quem se é de fato, levando a caminhos que favoreçam a realização pessoal e profissional. Quando se dá ouvidos a essa voz interna, decisões passam a ser tomadas com maior clareza e coerência, aproximando cada passo do propósito de vida. A intuição, sutil mas poderosa, indica oportunidades que ressoam com o crescimento e o florescimento pessoal, orientando para experiências que enriquecem e ampliam a percepção de abundância.

Além de guiar na direção certa, a intuição funciona como um escudo protetor. Ela percebe perigos muito antes que se tornem evidentes, captando sinais invisíveis a olho nu. Esse pressentimento sutil alerta sobre pessoas e situações potencialmente prejudiciais, evitando armadilhas e prevenindo escolhas impulsivas. Essa proteção silenciosa não é fruto de paranoia, mas de uma sabedoria interna que interpreta nuances e sinais com uma precisão que a lógica muitas vezes não alcança. Ao confiar nessa sensibilidade, decisões tornam-se mais seguras e conscientes, permitindo transitar pela vida com mais leveza e confiança.

A intuição também tem o poder de abrir portas que, à primeira vista, poderiam passar despercebidas. Muitas vezes, ela inspira movimentos estratégicos e decisões ousadas no momento exato, criando oportunidades que podem ser decisivas para o sucesso e a realização plena. Esse olhar aguçado permite perceber possibilidades escondidas nos detalhes e agir com a convicção de quem sabe que está no caminho certo. A vida, então, se torna um campo fértil para o surgimento de novas ideias, projetos e relações que impulsionam a prosperidade em diversas áreas.

Confiar na própria intuição fortalece a autoconfiança de maneira profunda e duradoura. Esse fortalecimento ocorre porque, ao reconhecer o valor das próprias percepções, surge uma segurança interna que afasta dúvidas e incertezas. Cada decisão tomada com base nessa confiança interior reforça a capacidade de agir com autenticidade, permitindo que se trilhem caminhos pessoais e únicos. Esse empoderamento é libertador, pois concede permissão para viver de acordo com os próprios valores e sonhos, criando a vida que verdadeiramente se deseja experienciar.

Para cultivar essa conexão intuitiva, é essencial silenciar o ruído da mente. A intuição se expressa de maneira sutil, por isso, é necessário criar momentos de quietude para que essa voz interna possa ser ouvida. Práticas como meditação, mindfulness e exercícios de respiração são ferramentas eficazes para acalmar os pensamentos e abrir espaço para percepções mais claras. Nessa tranquilidade mental, sinais antes ignorados tornam-se perceptíveis, permitindo decisões mais alinhadas com a essência.

Estar atento aos sinais é outro passo fundamental. A intuição se manifesta de formas diversas: sensações físicas, emoções repentinas, pensamentos espontâneos ou até sonhos recorrentes. Cada sinal carrega uma mensagem que, quando interpretada com sensibilidade, orienta escolhas e atitudes. Desenvolver essa escuta exige prática e paciência, mas com o tempo, torna-se natural perceber e confiar nesses alertas e direcionamentos.

Seguir os instintos, mesmo que contrariem a lógica, é uma das maneiras mais autênticas de viver. Muitas vezes, a razão tentará impor limitações, mas a intuição oferece caminhos que, apesar de desafiadores, conduzem ao crescimento. Confiar nesse impulso interno é permitir-se ir além do óbvio e explorar possibilidades que a mente racional não consideraria. Esse ato de coragem abre portas para experiências enriquecedoras e transformadoras.

Registrar percepções e insights também é uma prática valiosa. Ao anotar sonhos, pressentimentos e sincronicidades, cria-se um registro que facilita a identificação de padrões intuitivos. Esse hábito fortalece a confiança na própria intuição e permite reconhecer com mais clareza os sinais que a vida oferece.

No ambiente de trabalho, por exemplo, a intuição pode ser decisiva. Ela guia na escolha de projetos, indica o melhor momento para mudanças de carreira e revela oportunidades de crescimento que nem sempre são evidentes. Nas relações interpessoais, essa sensibilidade ajuda a identificar pessoas que vibram em sintonia com nossos valores, facilitando a construção de vínculos saudáveis e duradouros. Já nas finanças, a intuição orienta decisões sobre investimentos e gestão de recursos, ajudando a perceber riscos e oportunidades antes que se concretizem.

No campo da saúde, a intuição desempenha um papel fundamental na prevenção e no cuidado. O corpo envia sinais sutis sobre seu estado físico e emocional, e estar atento a esses alertas pode ser decisivo para manter o equilíbrio e o bem-estar. A intuição também guia escolhas de práticas e tratamentos que ressoam com as necessidades individuais, promovendo uma abordagem mais integrada e consciente da saúde.

Na espiritualidade, essa conexão interna conduz a caminhos autênticos de autodescoberta e expansão da consciência. Permitir-se explorar diferentes práticas espirituais de acordo com o que faz sentido pessoalmente fortalece a relação com o sagrado e com o propósito de vida.

Para que a intuição floresça plenamente, é preciso confiar em si mesmo. Essa confiança é a base sólida que sustenta a escuta interior. Ser corajoso para seguir a intuição, mesmo diante de incertezas, é fundamental. A paciência também desempenha um papel importante, pois o desenvolvimento da intuição é um processo contínuo. Aprender com os erros e celebrar os acertos são atitudes que reforçam essa conexão, tornando a intuição cada vez mais precisa e confiável.

Quando a intuição passa a ser cultivada de forma consciente, ela transforma a maneira como lidamos com desafios e abraçamos oportunidades. Essa escuta atenta e respeitosa constrói uma base sólida para decisões sábias e alinhadas com nossos valores. A intuição não elimina os obstáculos, mas oferece clareza para enfrentá-los com leveza e assertividade. Esse alinhamento entre mente, corpo e espírito fortalece a confiança serena, guiando cada passo com autenticidade. Assim, a intuição se torna uma ponte entre o presente e o futuro desejado, conduzindo a uma vida mais plena, significativa e em harmonia com o verdadeiro propósito.

Quando a intuição passa a ser cultivada com consciência, ela transforma a maneira como enfrentamos os desafios e abraçamos as oportunidades. Esse processo contínuo de escuta interna e autoconfiança torna-se uma base sólida para decisões mais sábias e alinhadas com os nossos valores. A intuição não elimina os obstáculos do caminho, mas oferece clareza para lidar com eles de forma mais leve e assertiva. Ao perceber que essa sabedoria interior é uma aliada constante, abre-se um espaço para agir com mais equilíbrio, permitindo que cada escolha reflita quem realmente somos.

Esse alinhamento profundo entre mente, corpo e espírito fortalece a capacidade de viver de forma autêntica e resiliente. As decisões deixam de ser impulsionadas pelo medo ou pela dúvida e passam a ser guiadas por uma confiança serena, capaz de sustentar a caminhada mesmo diante das incertezas. Assim, a intuição se revela como um elo entre o presente e o futuro desejado, facilitando a manifestação de experiências mais significativas e alinhadas com os sonhos e objetivos pessoais.

Ao permitir que a intuição oriente cada passo, a jornada se torna mais rica, cheia de aprendizados e descobertas. Cada experiência vivida com essa escuta atenta revela novas possibilidades e fortalece a confiança no fluxo natural da vida. Esse caminho intuitivo não é linear, mas é repleto de significado, conduzindo a uma existência mais plena, autêntica e em sintonia com o verdadeiro propósito.

Capítulo 32
Vivendo com Propósito

Viver com propósito significa conduzir a própria vida com clareza, direção e significado, onde cada escolha e ação estão alinhadas com valores pessoais e aspirações mais profundas. Essa forma de viver integra talentos, paixões e habilidades de maneira consciente, transformando desafios em oportunidades de crescimento e progresso. A vida ganha profundidade e autenticidade quando se reconhece o valor de cada experiência e se utiliza esse aprendizado para construir um caminho que reflita a própria essência. Esse alinhamento fortalece a confiança, impulsiona a motivação e abre espaço para uma jornada plena e abundante, conectando cada passo dado a um significado maior.

Ao integrar propósito e ação, torna-se possível transformar sonhos em metas concretas, guiadas por decisões coerentes com a própria identidade. Esse comprometimento com o que realmente importa traz clareza diante das incertezas e fortalece a resiliência diante dos desafios. A busca pelo propósito envolve autoconhecimento e autenticidade, permitindo reconhecer as próprias capacidades e limitações, o que leva a escolhas mais conscientes e alinhadas com os objetivos de vida. Assim, o propósito atua como uma força impulsionadora que orienta atitudes diárias, conduzindo a resultados significativos e a uma realização pessoal contínua.

Essa vivência plena também favorece a conexão com o mundo ao redor, inspirando contribuições positivas à sociedade e fortalecendo relações humanas baseadas em empatia e colaboração. Viver com propósito não se resume a alcançar metas, mas a construir uma trajetória significativa que equilibre conquistas pessoais com impacto coletivo. O caminho se torna mais leve e satisfatório quando cada decisão reflete os próprios valores, criando uma vida rica em significado e realização. Essa integração entre propósito e ação não apenas fortalece a autoconfiança, mas também atrai oportunidades e experiências enriquecedoras, sustentando uma existência autêntica e verdadeiramente abundante.

Imagine um rio que flui com firmeza e clareza em direção ao mar. Suas águas percorrem o caminho com determinação, alimentadas pela chuva, pelas nascentes e por afluentes que se unem a ele ao longo da jornada. Esse rio não questiona sua direção; ele segue seu curso, desviando de obstáculos, adaptando-se ao terreno, mas sempre avançando. Viver com propósito é como ser esse rio: fluir com direção e intencionalidade, impulsionado pela força da própria essência e guiado pela sabedoria do coração. Assim como o rio encontra seu caminho mesmo diante de rochas e curvas inesperadas, a vida com propósito permite enfrentar desafios com resiliência, transformando dificuldades em oportunidades de crescimento.

Ter um propósito dá sentido à existência. Ele conecta a pessoa a algo maior do que si mesma, despertando uma razão profunda para viver e lutar pelos próprios sonhos. Essa conexão traz não apenas motivação, mas também uma sensação de pertencimento a algo grandioso, incentivando a busca por um impacto positivo no mundo. Quando se compreende que há um significado maior por trás das ações diárias, cada passo se torna mais consciente e carregado de intenção. O propósito transforma a rotina em uma jornada significativa, onde cada desafio vencido e cada conquista alcançada são partes essenciais de um caminho que se constrói com autenticidade.

Esse propósito é também a força que impulsiona a ação. Ele serve como um motor que move a pessoa a transformar sonhos em realidade com entusiasmo e determinação. Em momentos de dúvida ou dificuldade, lembrar-se do motivo pelo qual se começou fortalece a resiliência e mantém o foco. O caminho para realizar objetivos torna-se mais claro quando se tem consciência do porquê de cada escolha. A motivação alimentada por um propósito genuíno é constante e resistente, permitindo atravessar obstáculos com confiança, pois há clareza sobre o destino desejado.

Viver com propósito também funciona como um guia nas decisões importantes da vida. Ele age como um filtro, alinhando escolhas com valores e objetivos pessoais. Essa coerência evita desvios que poderiam afastar a pessoa do que realmente importa. Decisões passam a ser tomadas com mais segurança e assertividade, conduzindo a caminhos que refletem a verdadeira essência. Essa orientação contínua facilita a busca por abundância e realização, criando uma vida mais plena e conectada.

Além de guiar as ações, o propósito revela a abundância que já reside no interior de cada um. Quando se vive alinhado com os próprios talentos, paixões e criatividade, torna-se possível reconhecer e usar essa força interior de forma plena. Essa consciência fortalece a autoconfiança, permitindo que a autenticidade se manifeste em todas as áreas da vida. A abundância interior é a base que sustenta a prosperidade exterior, pois ao valorizar o que já se possui, cria-se espaço para atrair novas oportunidades.

Esse alinhamento entre propósito e ação também atrai a abundância externa. Quando as ações são autênticas e conectadas à missão de vida, oportunidades surgem naturalmente. A vida passa a fluir com mais leveza e sincronia, criando prosperidade em diversas áreas, como relacionamentos, carreira, finanças, saúde e espiritualidade. A congruência entre ser e agir gera magnetismo, atraindo pessoas e circunstâncias que contribuem para o crescimento pessoal e coletivo.

Para encontrar esse propósito, é fundamental iniciar uma jornada de autoconhecimento. Refletir sobre valores, paixões, talentos e habilidades permite compreender o que realmente inspira e dá sentido à vida. Perguntas como "O que me faz sentir vivo?" e "Quais atividades despertam meu entusiasmo?" são pontos de partida valiosos para descobrir a própria essência. Esse mergulho interior revela caminhos que ressoam com a autenticidade e direcionam para uma vida mais significativa.

Reconhecer os próprios valores é igualmente essencial. Saber quais princípios guiam as ações e decisões permite fazer escolhas mais coerentes. Identificar o que é inegociável fortalece a integridade pessoal e evita desvios que possam comprometer a autenticidade. Esse alinhamento com valores pessoais garante que cada passo seja dado com convicção, contribuindo para a construção de uma trajetória verdadeira.

Reconectar-se com a criança interior também pode ser uma chave para descobrir o propósito. Lembrar das atividades que encantavam na infância e dos sonhos que pareciam grandiosos pode revelar paixões genuínas. Muitas vezes, os interesses mais puros manifestam-se desde cedo e indicam talentos naturais que podem ser desenvolvidos. Essa reconexão traz à tona uma espontaneidade que se traduz em escolhas mais autênticas e prazerosas.

Prestar atenção aos próprios interesses e curiosidades é outra forma eficaz de identificar o propósito. O que desperta fascínio e vontade de aprender? Quais temas provocam entusiasmo? Essas pistas indicam direções que fazem sentido e podem abrir portas para novas oportunidades. Seguir esses interesses com coragem e curiosidade conduz a caminhos ricos em significado.

Experimentar coisas novas amplia horizontes e permite descobrir talentos ocultos. Explorar diferentes ambientes, viajar, aprender habilidades novas e sair da zona de conforto são maneiras de expandir a visão de mundo. Cada experiência vivida traz aprendizados que contribuem para a construção de uma vida mais rica e autêntica. A experimentação abre espaço para descobrir paixões inesperadas e fortalece a capacidade de adaptação.

A intuição também desempenha um papel fundamental nessa busca. Ela funciona como uma bússola interna, guiando por meio de sensações e insights que nem sempre são compreendidos pela lógica. Confiar nessa voz interior permite acessar uma sabedoria profunda e alinhada com a própria essência. Essa orientação intuitiva revela caminhos que conduzem a experiências transformadoras e autênticas.

Refletir sobre o impacto que se deseja causar no mundo ajuda a iluminar o propósito. Perguntas como "Que legado quero deixar?" ou "Como posso contribuir para um mundo melhor?" incentivam uma reflexão profunda sobre a missão de vida. Esse olhar voltado para o coletivo amplia o significado das ações e fortalece o compromisso com algo maior.

Inspirar-se em pessoas que vivem com propósito pode ser motivador. Observar trajetórias de indivíduos que impactam positivamente o mundo revela possibilidades e caminhos a seguir. Identificar aspectos dessas histórias que ressoam com a própria jornada fortalece a motivação para agir e transforma a inspiração em ação concreta.

É importante lembrar que descobrir o propósito é um processo contínuo. Não há pressa. A paciência consigo mesmo é essencial para permitir que esse caminho se revele gradualmente. Cada experiência vivida contribui para a construção de uma vida plena e significativa. Ação constante, mesmo que em pequenos passos, é o que permite viver o propósito de forma concreta.

Alinhar ações com valores profundos é essencial para viver com propósito. Cada decisão deve refletir princípios que sustentam a integridade pessoal. Buscar equilíbrio entre responsabilidades, lazer e crescimento pessoal mantém energia e motivação para avançar sem negligenciar o bem-estar. Colocar talentos a serviço do coletivo amplia o impacto positivo, fortalecendo o senso de realização.

Praticar a gratidão por cada aprendizado e conquista ao longo da jornada reforça a conexão com o propósito. Valorizar pequenas vitórias fortalece a motivação e atrai novas oportunidades. Celebrar cada conquista alimenta a confiança e mantém o entusiasmo para seguir em frente com determinação.

Assim, viver com propósito é um convite constante à autenticidade, coragem e ação consciente. Ao alinhar intenções, escolhas e atitudes com a própria essência, constrói-se uma vida repleta de significado. Esse caminho não apenas realiza individualmente, mas também inspira e transforma o mundo ao redor.

Ao longo dessa jornada de autodescoberta e realização, é essencial lembrar que o propósito não é algo fixo ou imutável. Ele evolui conforme crescemos, amadurecemos e adquirimos novas perspectivas. Estar aberto a mudanças e adaptações permite que o propósito se refine com o tempo, tornando-se ainda mais alinhado com a nossa essência. Esse dinamismo é o que mantém a vida vibrante e cheia de possibilidades, proporcionando espaço para novos sonhos, desafios e conquistas que enriquecem o caminho percorrido.

Além disso, cultivar a presença no momento atual é fundamental para viver com propósito. Muitas vezes, estamos tão focados em metas futuras que esquecemos de valorizar o presente, onde as experiências mais significativas acontecem. Ao praticar a atenção plena, conseguimos aproveitar cada etapa da jornada, reconhecendo as pequenas vitórias e aprendizados que sustentam o crescimento pessoal. Esse equilíbrio entre visão de futuro e apreciação do presente fortalece a conexão com a nossa missão de vida e nos impulsiona a seguir em frente com leveza e confiança.

Por fim, viver com propósito é um convite constante à autenticidade e à coragem. É permitir-se ser verdadeiro consigo mesmo, honrando os próprios valores e sonhos, mesmo diante das incertezas. Cada passo dado com intenção fortalece o caminho, tornando-o não apenas uma trajetória de conquistas, mas também de significado profundo. Ao integrar propósito, ação e autenticidade, construímos uma vida que não apenas nos realiza individualmente, mas que também inspira e transforma o mundo ao nosso redor.

Capítulo 33
Desapego Material

Desapegar-se de bens materiais é um passo essencial para alcançar uma vida mais leve, plena e significativa. Ao reduzir a importância atribuída aos objetos e às posses, surge a oportunidade de valorizar aspectos mais profundos da existência, como as experiências vividas, os relacionamentos verdadeiros e a conexão com a própria essência. Esse processo permite reconhecer que a felicidade não está vinculada ao acúmulo de coisas, mas à capacidade de viver com autenticidade e propósito. Abrir mão do excesso material é, portanto, uma escolha consciente que amplia a percepção de abundância, tornando a vida mais equilibrada e satisfatória.

Ao liberar-se do apego aos bens, cria-se espaço para o novo e para o crescimento pessoal. Esse espaço não é apenas físico, mas também mental e emocional, permitindo que novas oportunidades, ideias e relações se desenvolvam de forma natural. A leveza conquistada ao se desfazer do supérfluo facilita o foco no que realmente importa, promovendo clareza nas decisões e fortalecendo a capacidade de lidar com desafios cotidianos. Essa transformação é profunda, pois impacta diretamente o bem-estar, a saúde emocional e a forma como se encara o mundo, contribuindo para uma existência mais consciente e plena.

Essa mudança de perspectiva abre caminho para uma vida mais autêntica, onde a busca por significado substitui a necessidade de acumular bens. O desapego material fortalece a conexão com valores essenciais, como gratidão, simplicidade e generosidade, permitindo que a verdadeira abundância se manifeste em todas as áreas da vida. Esse novo olhar proporciona liberdade e autonomia, eliminando a ansiedade gerada pelo consumismo e criando um ambiente favorável ao equilíbrio emocional e à realização pessoal. Assim, ao priorizar experiências e conexões humanas, torna-se possível viver com mais propósito, aproveitando plenamente cada momento.

Imagine um pássaro que plana alto nos céus, deslizando suavemente pelo vento, sem carregar nada além de suas próprias asas. Ele não acumula bens, não constrói reservas de peso que possam limitar seus voos. O pássaro segue leve e livre, guiado apenas pelo instinto e pela necessidade essencial de existir. O desapego material é como esse voo: um movimento de libertação, em que se soltam os excessos e se escolhe carregar apenas o que é verdadeiramente necessário para alcançar alturas maiores. Viver assim é permitir-se fluir pela vida com leveza, abrindo espaço para o que realmente importa — as experiências, os relacionamentos e a conexão genuína com a própria essência.

O apego aos bens materiais muitas vezes funciona como uma âncora que prende e limita o crescimento pessoal. Quanto mais se acumula, mais difícil se torna perceber o que é essencial. Romper com esse ciclo de acúmulo excessivo é abrir portas para novas possibilidades. Ao se desfazer do supérfluo, cria-se espaço físico, mental e emocional para o novo. Esse espaço permite que novas ideias floresçam, que oportunidades inesperadas se apresentem e que conexões mais profundas sejam formadas. A ausência de excesso traz clareza e foco, facilitando escolhas mais conscientes e alinhadas com os valores pessoais.

Simplificar a vida, portanto, não é um ato de privação, mas de expansão. Ao eliminar o desnecessário, ganha-se tempo e energia para investir no que realmente traz felicidade e realização. Esse processo convida à reflexão sobre o verdadeiro significado de abundância. Longe de ser medido pelo volume de bens acumulados, o conceito de abundância se manifesta nas experiências vividas com autenticidade e propósito. Cada objeto deixado para trás é um símbolo de desprendimento, um passo firme em direção a uma vida mais plena e significativa.

O desapego material não apenas simplifica a rotina, mas também reduz o estresse e a ansiedade. O peso de manter, proteger e acumular objetos traz consigo preocupações constantes. A manutenção de bens exige tempo, energia e recursos que poderiam ser direcionados para aspectos mais significativos da vida. Ao abrir mão desse fardo, surge uma paz interior, uma sensação de leveza e liberdade que permite viver o presente com mais serenidade. O foco se desloca do ter para o ser, proporcionando equilíbrio emocional e mental.

Essa leveza conquistada fortalece ainda mais a gratidão. Ao valorizar o que já se tem e reconhecer as verdadeiras riquezas da vida — como saúde, amor, aprendizado e crescimento pessoal — desenvolve-se uma perspectiva mais positiva e plena. Esse estado de gratidão não apenas gera contentamento, mas também cria um fluxo contínuo de abundância. A mente e o coração abertos atraem novas oportunidades e experiências enriquecedoras, permitindo que a prosperidade se manifeste de forma natural.

Conectar-se com a abundância interior é um dos maiores presentes do desapego. Quando não se está preso aos bens materiais, torna-se mais fácil acessar talentos, paixões e a própria criatividade. Essa conexão com a essência revela uma riqueza que não depende de fatores externos. Viver com autenticidade e propósito fortalece a autoconfiança e a autonomia, conduzindo a uma existência mais livre e alinhada com os verdadeiros desejos da alma.

Para cultivar o desapego material, é essencial começar de forma gradual. Pequenos passos têm um grande impacto. Separar objetos que não têm mais utilidade, como roupas, livros ou utensílios, pode parecer simples, mas representa um movimento significativo de libertação. Cada item doado ou descartado é um convite para refletir sobre o que realmente agrega valor à vida. Esse processo não precisa ser abrupto; deve ser consciente e constante, respeitando o ritmo de cada um.

Praticar a generosidade é outro caminho poderoso para o desapego. Doar objetos para quem precisa ou para instituições de caridade transforma o excesso em oportunidade. O ato de compartilhar amplia a percepção de abundância e reforça a ideia de que a verdadeira riqueza reside no fluxo — no dar e receber — e não na estagnação de bens. Ao entregar algo que já não serve, abre-se espaço não apenas físico, mas também emocional para o novo.

Organizar os espaços é uma forma prática de materializar o desapego. Ambientes limpos e organizados refletem uma mente clara e tranquila. Ao revisar armários, gavetas e ambientes da casa, elimina-se o que está em excesso e cria-se um ambiente que favorece a harmonia e o bem-estar. Esse cuidado com o espaço ao redor fortalece a conexão com o que realmente importa, tornando mais fácil reconhecer o que é essencial.

Refletir sobre hábitos de consumo é um passo fundamental nesse processo. A sociedade frequentemente estimula o consumo desenfreado como caminho para a felicidade. Questionar esse padrão é crucial para desenvolver uma relação mais consciente com o material. Observar os gatilhos que levam a compras por impulso e priorizar qualidade em vez de quantidade são atitudes que promovem uma vida mais equilibrada e alinhada com valores autênticos.

Valorizar experiências em detrimento de objetos é uma escolha que transforma a relação com o mundo material. Momentos vividos — viagens, encontros, aprendizados — deixam marcas mais profundas e duradouras do que qualquer bem físico. Essas vivências enriquecem a alma, criam memórias afetivas e contribuem para o crescimento pessoal de forma significativa.

A conexão com a natureza também inspira o desapego. A simplicidade e a harmonia presentes nos ciclos naturais mostram que a vida pode ser rica sem excessos. Observar o fluir das águas, o crescer das árvores e o voo dos pássaros ensina sobre a beleza do essencial. Passar tempo na natureza reforça a ideia de que menos é mais e que a verdadeira abundância está na simplicidade.

Desprender-se do passado é outra etapa importante. Muitas vezes, guardamos objetos carregados de memórias que já não nos servem mais. Fotografias, cartas e lembranças materiais podem se tornar âncoras emocionais. Liberar-se dessas amarras permite viver plenamente o presente e abrir caminho para um futuro mais leve e livre.

Simplificar as finanças também é uma forma de desapego. Organizar gastos, eliminar dívidas e evitar compras desnecessárias são práticas que trazem leveza e liberdade. Uma vida financeira equilibrada favorece escolhas mais conscientes e reduz preocupações, permitindo focar no que realmente traz realização.

Adotar o minimalismo como estilo de vida é uma expressão prática do desapego. Viver com menos, mas com propósito, traz clareza, liberdade e espaço para o que realmente importa. Essa filosofia incentiva a priorização do essencial, permitindo que cada escolha seja feita com intenção e consciência.

Ao praticar o desapego material de forma contínua, percebe-se que pequenas mudanças geram transformações profundas. Esse processo não apenas reorganiza o ambiente externo, mas também impacta a forma como se lida com desafios e oportunidades. A clareza conquistada fortalece a capacidade de tomar decisões mais assertivas e conscientes, promovendo equilíbrio e serenidade.

Assim, o desapego material torna-se um caminho de autoconhecimento e liberdade. Ao soltar as amarras do consumo excessivo, abre-se espaço para viver com mais autenticidade e propósito. Esse movimento de desapego reflete-se em uma vida mais leve e plena, onde a verdadeira abundância se manifesta nas experiências vividas, nos laços afetivos e na paz interior que surge ao viver de forma simples e significativa.

Ao incorporar o desapego material no dia a dia, é possível perceber como pequenas mudanças geram impactos profundos e duradouros. Esse processo não exige pressa, mas sim constância e consciência em cada escolha. Ao reconhecer o que realmente agrega valor à vida, torna-se mais fácil abrir mão do que é supérfluo e dar espaço ao que promove crescimento e bem-estar. Assim, cada objeto deixado para trás representa um passo em direção a uma vida mais autêntica, leve e alinhada com os verdadeiros desejos da alma.

Com o tempo, a prática do desapego transforma não apenas o ambiente físico, mas também a forma como se encara desafios e oportunidades. A clareza conquistada ao simplificar a vida amplia a percepção sobre o que é essencial, fortalecendo a capacidade de tomar decisões mais conscientes e assertivas. Esse novo olhar permite lidar com os altos e baixos da vida com mais equilíbrio e serenidade, valorizando cada experiência como uma oportunidade de aprendizado e evolução.

A jornada do desapego material é, portanto, um caminho de autoconhecimento e liberdade. Ao soltar as amarras que nos prendem ao acúmulo e ao consumo desenfreado, abrimos espaço para viver com mais propósito e conexão. Esse movimento interno reflete-se em uma existência mais leve, onde a verdadeira abundância se manifesta nas experiências vividas, nos laços afetivos e na paz interior que surge ao viver de forma simples e significativa.

Capítulo 34
Simplicidade e Minimalismo

Adotar a simplicidade e o minimalismo é assumir o controle consciente sobre a própria vida, escolhendo viver com intencionalidade e propósito. Esse caminho envolve desapegar-se de excessos materiais, compromissos desnecessários e estímulos que sobrecarregam a mente, criando espaço para o que realmente importa. A prática de valorizar o essencial não significa privação, mas sim a busca por equilíbrio, autenticidade e bem-estar. Quando cada objeto, atividade e relacionamento ocupa um lugar significativo, a vida ganha leveza e clareza, permitindo que a verdadeira essência floresça com mais força e naturalidade.

Essa abordagem promove uma reorganização interna e externa, favorecendo a paz mental e a liberdade emocional. A ausência de acúmulo e a eliminação de distrações trazem benefícios profundos, como a redução do estresse, o aumento da produtividade e o fortalecimento das conexões pessoais. Com menos ruído e desordem, torna-se mais fácil identificar prioridades, investir energia nas relações e projetos que realmente trazem satisfação e nutrir a criatividade. A simplicidade revela-se, assim, como um caminho para uma vida mais significativa, alinhada aos próprios valores e objetivos.

Viver de forma simples também abre espaço para a gratidão e a abundância. Ao apreciar o que já se tem e reduzir o desejo constante por mais, cria-se uma relação mais saudável com o consumo e com o tempo. Essa mudança de perspectiva contribui para uma rotina mais leve e harmoniosa, onde há mais espaço para experiências enriquecedoras e conexões verdadeiras. A simplicidade e o minimalismo transformam a existência em uma jornada de autoconhecimento e liberdade, permitindo que cada escolha reflita aquilo que realmente traz felicidade e plenitude.

Imagine uma casa ampla, iluminada pela luz suave que entra pelas janelas abertas. Cada cômodo está organizado de forma harmoniosa, onde cada objeto tem um propósito claro e ocupa seu devido lugar. Não há excessos, não há distrações, apenas espaço para respirar, para ser. A simplicidade e o minimalismo são como criar esse ambiente não apenas ao redor, mas dentro de si. É a escolha consciente de eliminar o excesso, a desordem e o ruído, permitindo que a energia vital flua livremente. Esse estado de clareza interior abre caminho para que a verdadeira abundância se manifeste com naturalidade.

Adotar a simplicidade e o minimalismo não significa abrir mão do conforto ou viver na privação. Trata-se de uma decisão intencional de valorizar o que realmente importa, libertando-se do peso do excesso e da constante busca por mais. Essa escolha promove equilíbrio, autenticidade e bem-estar, permitindo que cada aspecto da vida — desde os objetos que possuímos até os compromissos que assumimos — reflita nossos valores mais profundos. Ao alinhar as escolhas diárias com o que é essencial, a vida ganha leveza e clareza, e a verdadeira essência de quem somos floresce com mais força.

Essa reorganização interna e externa traz inúmeros benefícios. A ausência de acúmulo e a eliminação de distrações reduzem o estresse e a ansiedade, proporcionando paz mental e liberdade emocional. Com menos ruído ao redor, torna-se mais fácil identificar prioridades, direcionar energia para relações e projetos significativos e cultivar a criatividade. Viver com menos não é um sacrifício, mas uma oportunidade de focar no que verdadeiramente traz realização. A simplicidade revela-se, assim, como um caminho para uma vida mais alinhada com nossos objetivos e valores.

Viver de forma simples também desperta a gratidão e amplia a percepção de abundância. Quando deixamos de buscar constantemente mais e passamos a valorizar o que já temos, desenvolvemos uma relação mais saudável com o consumo e com o tempo. Essa mudança de perspectiva cria uma rotina mais harmoniosa, onde há mais espaço para experiências enriquecedoras e conexões genuínas. A simplicidade e o minimalismo, então, não apenas organizam a vida, mas transformam-na em uma jornada de autoconhecimento e liberdade, onde cada escolha é um reflexo daquilo que verdadeiramente traz felicidade e plenitude.

Esse estilo de vida também libera tempo e energia, recursos preciosos que muitas vezes são desperdiçados com atividades, compromissos e posses desnecessárias. Quando nos livramos dessas distrações, podemos nos dedicar com mais intensidade aos nossos sonhos, paixões, relacionamentos e ao nosso propósito de vida. Essa liberdade nos dá mais foco e disposição para investir no que realmente importa, criando uma sensação de leveza que permeia todas as áreas da existência.

Além disso, o minimalismo reduz o estresse e a ansiedade. A desordem, tanto física quanto mental, sobrecarrega a mente, gerando inquietação e cansaço. Ao optar por uma vida mais simples, desaceleramos, acalmamos os pensamentos e encontramos um estado natural de equilíbrio emocional. Essa serenidade permite encarar desafios com mais clareza e calma, tornando a vida mais leve e satisfatória.

Com menos distrações, o foco e a concentração aumentam significativamente. A mente torna-se mais clara e direcionada, facilitando a produtividade e permitindo alcançar objetivos com mais eficiência. Esse estado de clareza também estimula a criatividade, já que um ambiente organizado e livre de excessos promove a imaginação e a capacidade de encontrar soluções inovadoras. Ideias fluem com mais naturalidade quando não estamos sobrecarregados por estímulos desnecessários.

Ao eliminar o supérfluo, fortalecemos a conexão com a nossa essência. Esse processo de desapego nos convida a revisitar nossos valores, prioridades e propósito. É uma oportunidade de nos reconectarmos com quem realmente somos e com aquilo que desejamos para a nossa vida. Essa reconexão nos guia a escolhas mais autênticas e alinhadas com nossos verdadeiros objetivos, promovendo uma existência mais coerente.

Com isso, a gratidão se intensifica. Viver com menos e com mais propósito nos permite valorizar cada pequena bênção e enxergar o verdadeiro valor do que já possuímos. Essa apreciação genuína nos traz contentamento e bem-estar, afastando a insatisfação constante que o consumismo incentiva. A simplicidade abre espaço para que a abundância se manifeste de forma natural, atraindo oportunidades e prosperidade em todas as áreas da vida.

Para cultivar essa simplicidade, o primeiro passo é desapegar-se do excesso de bens materiais. Doe, venda ou recicle objetos, roupas e utensílios que não são mais úteis ou que não trazem alegria. Ao manter apenas o essencial, a vida se torna mais leve e cheia de significado. Esse processo de desapego não apenas organiza o espaço físico, mas também promove uma reorganização interna, criando um ambiente propício para o bem-estar e a clareza mental.

Organizar os ambientes físicos reflete diretamente na mente. Espaços organizados promovem clareza, foco e tranquilidade. Ao organizar armários, gavetas e cômodos, eliminamos a desordem e criamos um ambiente harmonioso, onde a energia pode fluir com mais leveza. Essa harmonia externa facilita a conexão com o que realmente importa, criando um espaço mental mais livre para novas ideias e projetos.

Simplificar a rotina também é essencial. Eliminar compromissos desnecessários e priorizar atividades que trazem satisfação permite que os dias sejam mais produtivos e prazerosos. Esse equilíbrio entre fazer e descansar é fundamental para manter a energia e a motivação em níveis saudáveis. Desacelerar e viver com mais calma nos permite estar presentes em cada momento, apreciando o caminho e não apenas o destino.

Praticar o consumo consciente é outra forma poderosa de integrar a simplicidade à vida. Refletir sobre hábitos de consumo e optar por qualidade em vez de quantidade nos ajuda a evitar compras impulsivas e a valorizar mais o que adquirimos. Esse comportamento também contribui para uma vida mais sustentável, reduzindo o impacto ambiental e promovendo um consumo mais ético.

O minimalismo digital é igualmente importante. Reduzir o tempo gasto em redes sociais, e-mails e distrações digitais permite uma conexão mais profunda com o mundo real. Desconectar-se do excesso de informações nos ajuda a nos reconectar com nós mesmos e com o que verdadeiramente importa, trazendo mais equilíbrio e clareza mental.

Viver com simplicidade e minimalismo não é uma mudança que acontece de uma hora para outra, mas um processo contínuo de escolhas conscientes. Cada decisão de eliminar o excesso e valorizar o essencial contribui para uma vida mais plena e significativa. É um caminho de autoconhecimento e liberdade, onde o verdadeiro valor não está no que se possui, mas no que se vive.

Ao adotar a simplicidade e o minimalismo, cria-se um ambiente interno propício para o florescimento da autenticidade e da paz. Esse caminho não se trata apenas de reduzir excessos materiais, mas de construir uma mentalidade mais leve e presente, onde cada escolha é feita com consciência. Esse equilíbrio proporciona não só clareza nos objetivos, mas também fortalece a conexão com o momento presente, permitindo apreciar as pequenas alegrias cotidianas com mais profundidade.

Com menos distrações e compromissos desnecessários, torna-se possível dedicar-se de forma mais genuína às relações interpessoais e às atividades que trazem verdadeiro significado. Esse espaço renovado na mente e no coração abre portas para experiências mais ricas e autênticas, onde a qualidade prevalece sobre a quantidade. Assim, cultivar a simplicidade torna-se um exercício contínuo de autoconhecimento, onde cada passo é guiado por valores pessoais e pela busca por equilíbrio.

Ao final, a simplicidade e o minimalismo revelam-se como escolhas transformadoras, capazes de conduzir a uma vida mais plena e satisfatória. Esse processo constante de desapego e reconexão com o essencial não apenas alivia o peso do excesso, mas também fortalece a presença, a gratidão e a liberdade. Assim, viver com menos se transforma em viver com mais: mais significado, mais leveza e mais harmonia.

Capítulo 35
Abundância Interior

A verdadeira abundância nasce no interior, como uma força silenciosa e poderosa que sustenta cada aspecto da vida. Trata-se de reconhecer e valorizar a imensa riqueza emocional, espiritual e mental que habita dentro de si, independentemente das circunstâncias externas. Esse estado de plenitude interna se reflete em pensamentos positivos, atitudes equilibradas e uma conexão profunda com a própria essência. A partir dessa consciência, torna-se possível viver com mais serenidade, confiança e gratidão, permitindo que a prosperidade flua naturalmente em todas as áreas da vida. A abundância interior não é algo a ser conquistado, mas sim despertado, pois já existe como parte intrínseca de quem você é.

Essa riqueza interna se revela na capacidade de encontrar paz em meio aos desafios, amor nas relações cotidianas e alegria nas pequenas conquistas diárias. Ao fortalecer a conexão com seus valores, talentos e propósitos, você acessa uma fonte inesgotável de energia que impulsiona o crescimento pessoal e emocional. Esse estado de contentamento não depende de bens materiais ou validação externa, mas sim da harmonia entre mente, corpo e espírito. Quando a percepção de si mesmo se expande, a visão sobre a vida também se transforma, permitindo enxergar oportunidades onde antes havia limitações e cultivar gratidão por cada experiência vivida.

Desenvolver essa abundância interior exige um olhar atento para dentro, por meio de práticas que favoreçam o autoconhecimento, o amor-próprio e a aceitação. Esse processo contínuo envolve cuidar de si com compaixão, perdoar antigas feridas e valorizar cada passo da jornada pessoal. Ao nutrir pensamentos positivos e abrir espaço para sentimentos genuínos de gratidão e generosidade, cria-se um ambiente interno fértil para a paz e a felicidade. Assim, a abundância interior se torna a base sólida para uma vida plena, onde cada escolha é guiada pela harmonia e cada ação reflete a prosperidade que já habita em seu coração.

Imagine um poço artesiano escondido nas profundezas da terra, de onde brota uma água cristalina e pura, incessante e abundante, sem jamais ser afetado pelas tempestades ou pela aridez que possa existir na superfície. Assim é a abundância interior: uma fonte inesgotável de riqueza emocional e espiritual que emana do âmago do ser, nutrindo e fortalecendo cada aspecto da vida. Essa energia constante e silenciosa permanece intacta, mesmo diante das adversidades, oferecendo sustentação e equilíbrio. Ela não depende de fatores externos, mas flui naturalmente, guiando pensamentos, emoções e ações de maneira harmoniosa.

Essa conexão profunda com a própria essência torna-se o alicerce da verdadeira felicidade. Quando se compreende que a plenitude não está nas posses ou na aprovação social, mas na capacidade de acolher a própria autenticidade, descobre-se um estado de serenidade constante. A felicidade passa a ser cultivada internamente, alimentada pela paz de espírito, pela gratidão e pelo amor incondicional. Esse sentimento de contentamento não surge de conquistas externas, mas da intimidade com valores, paixões e propósitos que moldam a identidade de cada indivíduo.

Despertar essa abundância interior exige uma jornada de autoconhecimento sincera e profunda. É preciso explorar pensamentos, emoções e crenças com coragem, mergulhando nas camadas mais íntimas da própria existência. Essa busca permite acessar talentos ocultos, paixões esquecidas e valores fundamentais que norteiam as escolhas e moldam o caráter. A partir dessa compreensão, surge uma sensação de pertencimento e autenticidade, como se cada descoberta interna fosse uma peça essencial no quebra-cabeça da própria realização.

No coração dessa jornada, o amor-próprio floresce como uma base sólida. Reconhecer o próprio valor, com todas as qualidades e imperfeições, é um ato de compaixão e respeito por si mesmo. Esse amor genuíno fortalece a autoconfiança e cria um ambiente interno propício ao crescimento e à felicidade. Aceitar-se plenamente, sem julgamentos, permite abraçar a própria humanidade e caminhar com mais leveza pela vida, livre das amarras da autocrítica excessiva.

A gratidão, por sua vez, atua como um poderoso transformador da percepção. Ao praticar a gratidão diariamente, cada detalhe da vida ganha um novo brilho. Pequenas bênçãos, muitas vezes despercebidas, passam a ser reconhecidas como dádivas preciosas. Agradecer pelas relações, pelas oportunidades e até pelos desafios amplia a capacidade de enxergar a abundância que já existe. Essa mentalidade positiva abre portas para experiências enriquecedoras, criando um ciclo contínuo de prosperidade interna.

O perdão emerge como uma ponte para a liberdade emocional. Libertar-se do peso de mágoas e ressentimentos, perdoando a si mesmo e aos outros, dissolve as barreiras que impedem o fluxo da paz interior. O perdão não significa esquecer ou justificar, mas sim escolher não carregar mais o fardo do passado. Essa decisão abre espaço para que sentimentos genuínos de amor e compreensão possam florescer, permitindo que a abundância flua livremente na vida.

A meditação se apresenta como uma prática essencial para acessar essa fonte interna de riqueza. No silêncio da mente, longe do ruído externo, é possível encontrar clareza e serenidade. A conexão com o momento presente, proporcionada pela meditação, revela a paz e a sabedoria que sempre estiveram ali, ocultas sob as camadas de pensamentos incessantes. Esse estado de equilíbrio interno fortalece a percepção da abundância já existente, criando um espaço fértil para a felicidade florescer.

Práticas de atenção plena, como o mindfulness, reforçam essa conexão com o agora. Ao prestar atenção ao presente sem julgamentos, cada experiência se torna mais vívida e significativa.

Sentir a textura de uma folha, o aroma do café ou o calor do sol na pele são momentos simples que, quando plenamente vividos, revelam a riqueza da vida cotidiana. Essa presença consciente alimenta a sensação de completude e dissolve a ansiedade em relação ao passado ou ao futuro.

A natureza também desempenha um papel fundamental nesse processo de reconexão. Estar em contato com ambientes naturais, sentir o vento, ouvir o som da água ou observar o movimento das árvores, traz uma renovação silenciosa e profunda. A natureza inspira e ensina sobre ciclos, resiliência e equilíbrio, despertando no ser humano uma sensação de pertencimento ao todo e à abundância da criação.

Além disso, o cultivo de virtudes como compaixão, generosidade, paciência e humildade enriquece a alma. Praticar essas qualidades não apenas fortalece o caráter, mas também expande a percepção da prosperidade interior. A compaixão conecta corações, a generosidade abre caminhos, a paciência traz sabedoria, e a humildade permite crescer com autenticidade. Essas virtudes se refletem nas ações diárias, criando um ciclo de bem-estar e harmonia com o mundo.

A aceitação surge como um convite à leveza. Aceitar as circunstâncias da vida, com suas incertezas e desafios, liberta da resistência e permite fluir com mais naturalidade. Essa aceitação não é resignação, mas compreensão de que cada experiência, agradável ou não, traz consigo um aprendizado valioso. Com serenidade, é possível acolher mudanças e desafios como oportunidades de evolução.

O autocuidado complementa esse caminho, sendo uma expressão de amor e respeito pela própria existência. Nutrir o corpo com alimentação saudável, exercitar-se, dormir bem e reservar momentos para o lazer são formas concretas de honrar a própria vida. Esse cuidado integral sustenta o equilíbrio físico, emocional e mental, fortalecendo a base para que a abundância interior se manifeste plenamente.

Quando essa abundância se expressa no cotidiano, os relacionamentos se transformam. Laços tornam-se mais autênticos e profundos, baseados no respeito e na empatia. A partir do reconhecimento da própria riqueza interna, torna-se possível enxergar e valorizar a riqueza emocional dos outros, criando conexões mais harmoniosas e duradouras.

No ambiente profissional, essa abundância impulsiona o desempenho com propósito e criatividade. Trabalhar com paixão e autenticidade abre espaço para inovação e realização. O sucesso deixa de ser apenas uma meta externa e passa a ser um reflexo da expressão genuína de talentos e valores, tornando o ambiente de trabalho mais gratificante e produtivo.

Nas finanças, essa mentalidade promove equilíbrio. O dinheiro é administrado com sabedoria e responsabilidade, não como uma fonte de ansiedade, mas como um recurso que apoia uma vida alinhada com os próprios valores. Isso evita excessos e desperdícios, trazendo segurança e liberdade financeira.

Na saúde, pensamentos positivos e práticas saudáveis fortalecem o corpo e a mente. O bem-estar se torna uma prioridade natural, promovendo vitalidade e energia para viver plenamente. Na espiritualidade, essa abundância aprofunda a conexão com o divino, ampliando a fé e a gratidão pela vida.

Assim, a abundância interior se revela como um fluxo constante de amor, paz e propósito, iluminando cada passo da jornada. É um convite para viver com mais leveza, confiança e gratidão, permitindo que a verdadeira prosperidade se manifeste em cada aspecto da existência.

Quando a abundância interior se torna parte essencial do seu ser, cada experiência vivida ganha um novo significado. Os desafios deixam de ser obstáculos e passam a ser oportunidades de crescimento, enquanto as conquistas, por menores que sejam, tornam-se celebrações genuínas da vida. Essa perspectiva transforma o modo como você se relaciona consigo mesmo e com o mundo, guiando suas escolhas com mais sabedoria e equilíbrio. A partir dessa base sólida, o caminho para a realização pessoal e coletiva se torna mais claro, fluindo naturalmente em harmonia com seus valores e propósitos.

Essa transformação interna também reflete na maneira como você impacta o ambiente ao seu redor. A energia positiva gerada pela abundância interior inspira e contagia outras pessoas, criando ciclos de bondade, cooperação e prosperidade. Pequenos gestos de generosidade e compreensão se multiplicam, contribuindo para ambientes mais acolhedores e relações mais autênticas. Assim, a busca pela realização deixa de ser um objetivo solitário e se expande, promovendo o bem-estar coletivo e fortalecendo laços de empatia e solidariedade.

Permitir-se viver a abundância interior é, portanto, um convite para honrar a própria jornada com amor, aceitação e confiança. Cada passo dado em direção ao autoconhecimento, ao cuidado com o corpo e à conexão espiritual alimenta essa fonte inesgotável de plenitude. E é nesse estado de equilíbrio e harmonia que a vida se revela em sua forma mais rica e verdadeira, conduzindo você a uma existência onde paz, prosperidade e felicidade não são metas distantes, mas sim realidades presentes em cada instante.

Capítulo 36
Compartilhando a Abundância

Compartilhar a abundância representa a expressão mais autêntica da prosperidade, na qual a generosidade se transforma em um elo poderoso de conexão e crescimento coletivo. Quando se reconhece que os recursos, talentos e conquistas podem ser ampliados por meio da partilha, cria-se um fluxo contínuo de prosperidade que beneficia a todos. Esse movimento transcende o simples ato de doar bens materiais; envolve o cultivo de uma mentalidade aberta e receptiva, capaz de transformar pequenas ações em grandes impactos. A abundância não se limita ao que se possui, mas se manifesta plenamente quando é compartilhada com intenção genuína, fortalecendo laços, inspirando mudanças e expandindo oportunidades para todos ao redor.

Ao adotar a prática de compartilhar, fortalece-se uma rede de apoio e solidariedade que impulsiona o crescimento mútuo. A generosidade alimenta relacionamentos, estreita vínculos afetivos e promove uma cultura de colaboração, na qual cada gesto contribui para um ambiente mais harmonioso e equilibrado. Essa troca sincera não apenas supre necessidades imediatas, mas também cria bases sólidas para a construção de uma sociedade mais justa e compassiva. O impacto dessas ações reverbera em múltiplas esferas da vida, promovendo bem-estar emocional, segurança e confiança mútua. Assim, compartilhar a abundância torna-se um caminho natural para gerar prosperidade contínua e sustentável.

Cada ato de partilha carrega consigo a semente da transformação. Seja por meio de tempo dedicado, palavras de incentivo ou recursos materiais, toda expressão de generosidade contribui para fortalecer a corrente de abundância. Esse fluxo se amplia à medida que inspira outras pessoas a adotarem atitudes semelhantes, criando uma espiral ascendente de cooperação e crescimento coletivo. A abundância verdadeira reside na consciência de que há sempre algo valioso a ser oferecido e que, ao distribuir o que se tem de melhor, abre-se espaço para receber ainda mais. Esse ciclo virtuoso não apenas transforma vidas individualmente, mas também impacta positivamente o mundo como um todo, promovendo uma realidade mais próspera e equilibrada.

Imagine uma mesa longa e acolhedora, coberta por uma toalha de linho, onde pratos fumegantes e coloridos são dispostos com carinho. Ao redor dela, pessoas de diferentes histórias e trajetórias se reúnem, trocando sorrisos e palavras calorosas. O aroma dos alimentos se mistura com a leveza das risadas e o brilho nos olhos daqueles que compartilham não apenas a comida, mas também momentos de verdadeira conexão. Esse cenário traduz, de maneira vívida, o significado de compartilhar a abundância. Mais do que dividir recursos materiais, trata-se de abrir espaço para o outro, de convidá-lo a participar da nossa prosperidade e celebrar juntos a fartura da vida.

Esse ato de convidar alguém para a mesa da abundância é uma expressão profunda de gratidão. Quando dividimos o que temos, reconhecemos as bênçãos que recebemos e demonstramos apreço pelas conquistas alcançadas. Esse reconhecimento sincero ressoa como uma declaração silenciosa ao universo, afirmando que estamos prontos para receber ainda mais. A generosidade, nesse contexto, não é apenas um gesto de entrega, mas também uma forma de honrar o presente e preparar o coração para acolher novas oportunidades. O universo, sensível à vibração da gratidão, responde com a expansão da prosperidade, criando um fluxo contínuo de bênçãos.

Essa prática também eleva a vibração pessoal. Ao agir com generosidade, sentimentos de alegria, amor e compaixão se intensificam, impregnando cada ação com uma energia elevada e positiva. Esse estado vibracional elevado funciona como um farol, atraindo experiências enriquecedoras e fortalecendo a sintonia com a frequência da abundância. Cada gesto de partilha emana ondas de bem-estar, criando um ambiente onde a positividade se espalha e inspira novas atitudes. Assim, compartilhar torna-se uma forma de nutrir o próprio espírito enquanto se contribui para a harmonia ao redor.

O impacto do compartilhar vai além do ato isolado; ele desencadeia um ciclo virtuoso. Cada demonstração de generosidade inspira outros a fazerem o mesmo, formando uma corrente contínua de cooperação e solidariedade. Esse fluxo de dar e receber fortalece laços sociais e amplia a abundância coletiva. A consciência de que sempre há algo valioso a oferecer – seja tempo, conhecimento ou simples palavras de apoio – transforma a maneira como nos relacionamos com o mundo. Ao abrir mão do medo da escassez e confiar na abundância da vida, criamos uma rede de apoio onde todos prosperam.

Nos relacionamentos, o ato de compartilhar se revela como um elo poderoso de fortalecimento. Oferecer tempo de qualidade, pequenos gestos de carinho ou apoio em momentos difíceis solidifica os vínculos afetivos. Essas ações geram memórias significativas e aprofundam as conexões emocionais. A generosidade, quando cultivada de forma espontânea, não só nutre as relações existentes, mas também atrai novas conexões, pautadas na confiança e na empatia. A troca sincera se transforma em um alicerce sólido para a construção de relacionamentos duradouros e verdadeiros.

Além do impacto pessoal, compartilhar abundância contribui diretamente para a transformação do mundo. Pequenos gestos, como doar recursos financeiros, tempo ou talentos, reverberam em mudanças sociais positivas. Quando uma pessoa decide apoiar uma causa, ajudar alguém ou contribuir com seu conhecimento, essa atitude se multiplica, criando ondas de transformação. O mundo se torna mais justo e compassivo, e cada contribuição individual passa a integrar um movimento coletivo de evolução e equilíbrio. Assim, a generosidade não apenas melhora vidas individuais, mas também molda uma sociedade mais solidária.

Existem diversas maneiras de compartilhar a abundância, e cada uma carrega seu valor único. A doação financeira, por exemplo, permite apoiar projetos sociais, ONGs e pessoas em situação de vulnerabilidade. Esse ato de desprendimento não só supre necessidades urgentes, mas também reforça em quem doa a sensação de propósito e pertencimento a uma causa maior. Já o voluntariado transforma habilidades e tempo em ferramentas de impacto positivo. Ao dedicar esforços para ajudar comunidades ou indivíduos, desenvolve-se empatia e conexão genuína com a coletividade.

Outro caminho poderoso é a doação de bens materiais. Roupas, alimentos, livros ou brinquedos que já não têm mais utilidade podem ser fundamentais para outras pessoas. Esse gesto simples não só atende a necessidades imediatas, mas também incentiva uma cultura de consumo consciente, na qual o excesso é redistribuído de forma responsável. Compartilhar refeições, por sua vez, carrega um simbolismo especial. Convidar alguém para dividir a comida vai além do alimento físico; é um convite para celebrar a vida, estreitar laços e criar lembranças afetivas.

Oferecer ajuda, mesmo nos pequenos gestos, é igualmente transformador. Escutar com atenção, auxiliar em uma tarefa ou simplesmente estar presente pode fazer uma diferença imensurável na vida de alguém. Esse cuidado genuíno cria um ambiente de apoio mútuo, onde a empatia e o respeito são cultivados. Compartilhar conhecimento também se revela uma forma poderosa de contribuição. A troca de saberes, seja por meio de mentorias, palestras ou conversas informais, amplia horizontes, inspira novos caminhos e fortalece a rede de aprendizado coletivo.

Dedicar tempo de qualidade é, talvez, uma das expressões mais autênticas de generosidade. Estar presente de forma plena, ouvir atentamente e demonstrar interesse sincero alimenta os vínculos afetivos e cria um espaço de confiança e acolhimento. Além disso, espalhar alegria e positividade através de palavras de incentivo ou gestos de gentileza tem o poder de iluminar o dia de alguém. Essas ações simples desencadeiam uma corrente de bem-estar que se espalha silenciosamente, contribuindo para tornar o mundo mais leve e esperançoso.

Para que o ato de compartilhar seja ainda mais impactante, é essencial agir com o coração. A autenticidade, o desprendimento e a generosidade genuína fazem com que cada gesto tenha um peso significativo. Não se trata de quantidade, mas da qualidade da intenção por trás da ação. Pequenas atitudes realizadas com amor e consistência têm o poder de transformar realidades. Além disso, encontrar formas criativas de contribuir pode ampliar o alcance da generosidade. Projetos inovadores, ações comunitárias e iniciativas sociais são caminhos para espalhar a abundância de maneira única e transformadora.

Por fim, a constância é a chave para manter esse fluxo de abundância ativo. Tornar a generosidade parte da rotina, com práticas diárias ou regulares de partilha, integra esse valor ao modo de viver. Cada ação, por menor que seja, reforça a cultura de solidariedade e cooperação. Ao compartilhar com frequência, inspira-se outras pessoas a fazerem o mesmo, criando uma rede sólida de apoio e prosperidade.

Assim, compartilhar a abundância se torna mais do que um simples ato: é uma escolha de vida. Uma decisão consciente de viver em harmonia com o mundo e com aqueles que nos cercam. Essa prática contínua não apenas transforma quem recebe, mas principalmente quem oferece, cultivando um estado duradouro de contentamento, plenitude e conexão verdadeira com o fluxo natural da prosperidade.

Ao integrar o ato de compartilhar à rotina diária, percebe-se que a abundância não é um recurso finito, mas uma energia que se renova a cada gesto de generosidade. Essa prática constante transforma não apenas quem recebe, mas principalmente quem oferece, promovendo um estado de contentamento e plenitude. A consciência de que pequenas atitudes podem desencadear grandes mudanças fortalece a confiança no impacto coletivo e alimenta o desejo de contribuir de forma contínua para o bem-estar comum.

Essa perspectiva amplia a compreensão de prosperidade, desvinculando-a do acúmulo individual e conectando-a ao fluxo constante de troca e colaboração. A verdadeira riqueza se revela na capacidade de reconhecer o valor das relações, do tempo e da atenção dedicada ao próximo. Ao agir com generosidade e empatia, constrói-se uma rede de apoio resiliente, capaz de enfrentar desafios e celebrar conquistas de forma conjunta, criando bases sólidas para um futuro mais próspero.

Assim, compartilhar a abundância não é apenas um gesto isolado, mas uma escolha consciente de viver em harmonia com o mundo ao redor. Esse caminho de generosidade transforma a realidade e inspira novas possibilidades de crescimento coletivo. Ao cultivar essa prática, reforça-se o compromisso com uma existência mais equilibrada, onde a prosperidade se expande naturalmente e toca a vida de todos de maneira positiva e duradoura.

Epílogo

Ao chegar ao final desta jornada, uma verdade se revela com clareza: a abundância não é um destino, mas um caminho contínuo, uma escolha diária que se manifesta em cada pensamento, palavra e ação. Você percorreu trilhas que desafiaram crenças antigas, desvendou os véus que ocultavam o seu potencial e, agora, carrega consigo uma nova percepção sobre o que significa viver plenamente.

Mas essa travessia não termina aqui. Pelo contrário, é agora que ela verdadeiramente começa.

Tudo o que foi explorado nestas páginas — o poder dos pensamentos positivos, a força das afirmações, a prática da visualização criativa, a compreensão da Lei da Atração, a superação das crenças limitantes, o mergulho no autoconhecimento e a busca pela cura interior — forma um alicerce sólido. Um terreno fértil, pronto para que você plante as sementes da vida que deseja cultivar.

Você já despertou.

Agora é o momento de sustentar esse despertar. A verdadeira transformação acontece quando o conhecimento se torna prática, quando a inspiração se traduz em ação. Cada ensinamento absorvido aqui é uma ferramenta que espera ser utilizada, não de forma esporádica, mas como parte integrante da sua rotina, moldando silenciosamente sua realidade.

Talvez você já tenha sentido mudanças sutis em sua percepção ou experimentado pequenas sincronicidades ao longo desta leitura. Esses são sinais de que a energia da abundância já começou a fluir, respondendo à sua nova vibração. Reconheça esses momentos como confirmações de que você está no caminho certo.

Mas lembre-se: a jornada da abundância exige constância. As antigas crenças podem tentar retornar, os desafios inevitavelmente surgirão, mas agora você possui as ferramentas para enfrentá-los com leveza e sabedoria. Você compreendeu que é o criador da sua realidade e que o poder de transformar sua vida está, e sempre esteve, dentro de você.

Permita-se confiar.

Confie nos processos invisíveis, nos ciclos naturais da vida e, principalmente, confie em si mesmo. A abundância se expande onde há gratidão, onde há entrega genuína. E quanto mais você se alinha com esse fluxo, mais perceberá que prosperar não é acumular, mas compartilhar, não é controlar, mas fluir.

Olhe ao seu redor e perceba as oportunidades que agora se apresentam com mais clareza. Observe como suas relações, suas decisões e sua visão de mundo se transformaram. E se, em algum momento, sentir-se perdido, volte às raízes deste aprendizado: a prática da gratidão, o poder do pensamento positivo, a força do autoconhecimento.

A jornada é contínua porque a vida é movimento. Você é um ser em constante evolução.

Evolua. Expanda. Inspire.

Que você leve adiante essa nova perspectiva, espalhando sementes de abundância por onde passar. Que suas palavras, ações e escolhas inspirem outros a também despertarem para o seu próprio poder. Porque a verdadeira abundância não se limita ao indivíduo; ela floresce quando compartilhada, quando transforma não apenas quem somos, mas também o mundo ao nosso redor.

Agora, com cada amanhecer, renove o compromisso com a sua evolução. Mantenha-se aberto às infinitas possibilidades e siga nutrindo cada aspecto da sua existência — mental, emocional, espiritual, física e material. Assim, você será não apenas alguém que busca a abundância, mas alguém que vive a abundância.

Este livro se encerra, mas sua jornada continua.

Que a plenitude te acompanhe em cada passo.

Com respeito e inspiração,

www.ingramcontent.com/pod-product-compliance
Lightning Source LLC
LaVergne TN
LVHW040049080526
838202LV00045B/3549